戦争への終止符

未来のための日本の記憶

グレン・D・フック＋桜井智恵子 編
Glenn D. Hook & Chieko Sakurai

Full Stop to War

法律文化社

目次

序章　「テロとの戦い」より「構造的暴力」を問う　桜井智恵子
1　戦争の記憶と政治……2
2　記憶の構築を問う……4
3　メモリー・プロジェクト……6
4　未来のための記憶……9

第1章　押しつけ憲法論からの自由
——幣原喜重郎と憲法問題調査研究会　桜井智恵子
1　はじめに……14
2　「戦争永久放棄」——日本側の必然……20
3　幣原喜重郎が明かした事実……25
4　憲法問題調査研究会の「軍」議論——1945年10月～1946年1月……38

5　押しつけ憲法論からの自由……46

第2章　沖縄の米軍基地のリスク
——記憶論議の政治利用と終わりなき戦争　グレン・D・フック
1　はじめに……52
2　集合的記憶と論争……56
3　過去の論争、過去と現在のつながり……60
4　宮森小学校での墜落……66
5　沖縄国際大学での墜落事故……70
6　おわりに……73

第3章　東京からハーグへ、戦犯法廷と戦争記憶の政治　ケアスティン・ルクナー
1　はじめに……78
2　極東国際軍事裁判と日本の記憶の政治……81
3　東京の極東国際軍事裁判からオランダ・ハーグのＩＣＣに至る道のり……88
4　日本国刑法の（非）調整……96
5　ハーグから北東アジアへ戻って……100
6　おわりに……102

第4章　「カミカゼ」の記憶論争と特別攻撃隊員の自己表現にみるアイデンティティ　ファン・デル・ドゥース石川瑠璃
1　はじめに　108
2　彼らは誰か？　特別攻撃隊員にまつわる記憶論争　110
3　過去――「私」について　123
4　カミカゼ・ディスコースと文脈　130
5　おわりに――記憶の再利用とカミカゼのアイデンティティの不確かな未来　139

終　章　安倍政権下で操られる記憶とアイデンティティ――憲法9条の再解釈と70年談話　グレン・D・フック
1　9条、記憶、そして安倍政権　147
2　戦後70周年における安倍首相の談話　155
3　おわりに　161

あとがき
参考文献
巻末資料

謝辞

本書の第2章、第3章、第4章は、英文でJapan Forum, Volume 27, Issue 3, 2015.〈http://www.tandfonline.com/toc/rjfo20/27/3#〉に掲載されたものです。

著作権所有者の出版社であるRoutledge・Tylor & Francis社に日本語での出版を快諾頂き感謝いたします。

序　章　「テロとの戦い」より「構造的暴力」を問う

桜井　智恵子

1　戦争の記憶と政治

２０１５年夏の終わり、９月19日未明に安全保障関連法が参議院本会議で可決・成立した。数ヶ月前から国会前だけでなく各地で大規模な反対デモが繰り広げられた。国民の多くが反対する中の成立であった。日本は集団的自衛権を行使することで自衛隊の海外派兵が可能となった。日本に戦争のリアルが近づいてきたように思われる。法制化後も、国民のモニタリングが続く中、かつての戦争をどのように記憶の中に位置づけるかはこれからの政治や社会を形づくる上で必要な仕事であると思われる。

時代のうねりの中で、私たちは歴史的な事実をすぐに忘れる。しっかりと覚えているつもりでも簡単に忘却の彼方に記憶は去ってゆく。また、忘れるように誘う大きな力にも飲み込まれがちだ。だからこそ、未来を形づくる上で、記憶は重要なツールとなる。

そもそも、記憶（memory）とはなんだろう。英和辞典によると、“memory”は「覚えていること」「想起すること」「残っている印象」と訳される(1)。また、広辞苑によると、記憶の意味は「生物体に過去の影響が残ること」「過去に経験したことを保持し、それを後で思い出すこと」とある(2)。すなわち記憶は、それぞれの時代に残された印象であり、そこから現在を想起することである。本書では、この意味合いで記憶という言葉を用いている。さらに重要なのは、記憶の意味合いを問うことよりも、記憶がいかに語られ、構築されているかという点である。

記憶は生き物だ。人びとのもつ記憶が集まり、時代の色合いや物の見方が形づくられ、ひいては法律・制度など社会のしくみにまでつながってゆく。個人の記憶は、集まると大きなパワーをもつ。さらに、集合的な記憶をさまざまに用い政策を作り、動かしてゆくのが国家だ。

記憶の研究は、1925年モーリス・アルヴァックスの『記憶の社会枠』が最初とされる。アルヴァックスは、デュルケームの研究を現代社会学へ橋渡しした研究者である。1945年にナチス強制収容所の犠牲となったアルヴァックスの遺稿が1950年に刊行された『集合的記憶』である。彼のいう「集合的記憶」とは次のようだ。

個人の記憶は個人が自分の経験から一人で作り上げたものではない。人間は記憶の中においても社会から遠ざかっているのではない。だから、個人の記憶は集合的記憶の枠により与えられている。さまざまな他者と語りによって構成されている。個人の記憶が集まったものが集合的記憶というよりも、個人の記憶そのものが集合的な過程によって出来ている。だからこそ、「人間が集合生活の枠の中で巻き込まれている具体的な状況を検討することを、社会学的分析に可能とさせるような諸々の前提が含まれている」(アルヴァックス 1989:260)。

たとえば、国家は記憶を構築し、状況や背景に埋め込んで刻印し伝えていく役割を果たす。つまり、記憶はその後の時代や社会に決定的な影響を及ぼす。それゆえ、記憶の構築は政治性を帯びざるをえない。そこに記憶をめぐる政治が立ち現れる。

記憶の構築という政治的な局面において集合的記憶は、重層な分析が求められる。その記憶はいかに生み出されたのか、あるいは生み出されなかったのか。記憶の構築のなされ方により、不都合な記憶はすり替え、曲解、ときに消滅さえも起こりうる。

とりわけ、戦争をめぐる記憶は、人類にとっての未来を方向づけるものである。戦争の記憶は、深いところで私たちの政治の見方を規定している。しかし、日本の戦後記憶の構築について分析する研究は、どの学問分野からも十分深められないまま、現在まで来ている。進行中の政策などの解釈で揺れ動く法学や憲法学の領域において、研究者たちは手一杯で、歴史研究は傍流とならざるをえなかったように見受けられる。戦後の認識や概念を捉えかえす、つまり記憶の構築のあり方を分析する思想史や歴史社会学的な研究は、日本ではまるで失われたピース（一片）のような研究領域となっているのではないだろうか。(3)

2　記憶の構築を問う

たとえば、高度経済成長期の記憶はどのようにつくられているだろうか。一般の認識では、戦後のマンパワー政策下、日本は一丸となり、ドラスティックな経済発展を遂げたことになっている。さらにアジア諸国に対して援助までできる側となった、とされている。

ＯＤＡ（政府開発援助：Official Development Assistance）によれば、「日本は１９５４年から、第二次世界大戦で戦場になった東南アジアの国などを対象に援助してきた」との説明がなされる（日本経済新聞 ２０１３年９月７日）。戦後たった10年もかけずして、いったいどのように援助される側から援助する側に急変できたのであろうか。

日本の高度経済成長のきっかけのひとつが、戦争賠償システムにあったという史実はあまり知られていない。日本からＯＤＡを拠出したのは、１９５４（昭和29）年にビルマと結んだ「日本・ビルマ平和条約及び賠償・経済協力協定」での「賠償供与」が最初である。この「賠償供与」とはなんだろう。

戦争に負けた国は被害者・被害国に賠償を支払う。たとえば、日清戦争の時は、日本は清国から巨額の賠償金を手に入れた。１９４５（昭和20）年８月、日本が受諾したポツダム宣言には、日本の賠償について明記されていた（第11項）。一方、敗戦直後、日本の占領が長引く中、占領の経費がかさむことがアメリカでは問題となったという。1948（昭和23）年には在留米軍などの占領経費がかさむため「日本の経済力を引き上げておく」とロイヤル陸軍長官は述べている（桜井 2013）。またトルーマン大統領は、日本に財政立て直しを求めると同時に、1949年5月には、アジアの国々に中間賠償の取り立ても中止させた。さらに、アメリカは対日援助をする一方で、アジアなどの被害国が日本の産業施設の一部を賠償支払いの前渡しとして取り立てることができるようにした。

すなわち、「賠償は経済協力や貿易にとってかわり、アジアの被害者が手にするべき賠償金が、工場や橋やホテルに姿を変えた。工事を受注するのは日本企業であり、日本人技術者が役務を供与し、日本の工場で加工された機械などが相手国に送りだされていく。しかも原料が日本にないときは要求する国がそれを提供しなければならない。日本は相手が要求するモノを日本で生産し、加工する。それが日本に生産力をつけることになる」（内海 2002：26-27）。賠償として日本は「存立可能な経済」を維持することを前提に、支払い能力の範囲で、生産物と役務で支払ったのであった。モノとヒトが動いた賠償支払いは、日本にとってたいへん有利であった。国内では「賠償から商売へ」といった合言葉まで産まれた（朝日新聞 1999：41）。

明治創業の大手建設会社、大林組の歴史の中には、海外進出のきっかけとしての「賠償工事」が記されている。「戦後、東南アジア諸国に対するいわゆる『賠償工事』による海外進出が始まったが、これが（昭和）29年から38年ころまで継続した。この間に当社が受注した賠償工事には、インドネシアではスマトラ島パレンバン市のムシ大橋架設、ジャカルタ市のサリナ百貨店建設があり、カンボジアでは経済技術協力協定に基づく無償援助として、農・牧・医センターの建設に当たった」[4]。

このようにして日本の高度経済成長の大きなきっかけのひとつが、戦争賠償のしくみであった。アメリカの介入で各国への賠償金は叩かれ、実際には工事や機械の現物賠償が行われ、その延長線上に日本のアジア諸国への経済進出、そして経済侵略があったのである。

私がフィリピン大学に留学していた時、日本の「侵略」という言葉を使うと、スリランカの大学院生から「戦中・戦後、どちらの侵略か」と聞かれたことがあった。戦後の記憶を正確に把握すると、その問いがいかに真っ当であったかがわかってくる。記憶の欠落は補われなければいけないことを痛感する。日本の集合的記憶とアジア諸国のそれは異なるのである。

3 メモリー・プロジェクト

本書は、各章で単純化され放置されてきた記憶が政治的にいかに用いられてきたかについて、史料にもとづいて明らかにする。さらに、記憶をめぐる次の３つの問題を検証する。

①記憶が正当に認識されないとき、現在の事象の歪曲につながる（序章・第3章）
②記憶がいかに重なって運用され、どんな状況もたらしているか（第2章・終章）
③記憶が為政者によりつくられ、その後の世代は曲解したまま受け取り、未来の決定に用いられようとしていたり、記憶自体が欠損し史実の単純化に一役買っている（序章・第4章）

国家の支持する公的な記憶は、草の根レベルの記憶論争によって信憑性を問われたり、変更される場合もあり得る。つまり、公式にも非公式にも集合的記憶は常に論議され新しくされていくものである。ここにこそ希望があるというのが、本書を貫く研究まなざしでもある。

最近の日本、とりわけ安全保障をめぐる目まぐるしい変容について、国内だけでなく、日本を研究対象とする海外の研究者たちは危機感を強めている。彼らは、日本国内における平和に対する自由な発言に危機を感じフェアな議論と国家のあり方を願っている。現代日本の急激な変容は、日本だけの問題ではなく世界全体のあり様に直結すると彼らはよく知っているからだ。

編者のひとり、グレン・D・フックは、英シェフィールド大学・リーズ大学共同ホワイト・ローズ東洋研究所国立日本学研究所の所長である。2015年春、本書の著者の一人である石川瑠璃を通して、グレン・D・フックより桜井智恵子にメモリー・プロジェクト（記憶研究）の提案があった。桜井以外の3本の論考は、2014年に東アジアネット・ワークショップで発表され、学術誌ジャパンフォーラムに英文で掲載されたものである。

戦争記憶にかんする私たち著者4人の違和感の出所は明らかだ。単純化された記憶は、その作業を通して人びとがもつ多様性を後景に退かせてしまう。重要な子葉が切り落とされ単純にされた記憶が流通すると、人びとは判断を合理化することになる。それは人びとの生きる世界を捨て置き、思考停止を招くことがある。また単純化された記憶から成る政治がもたらした思考停止は、時に国家が攻撃的になることに寄与する。それでは国家間は暴力的なムードがどんどんとエスカレートしかねない。単純化された記憶が、実はどうであったのか冷静に吟味する必要がある。

自らの位置の問い直しをする作業は、地味で静かなものかもしれない。けれど記憶の単純化により捨て置かれた他者や、他ならぬ自分自身を取り戻す作業でもある。単純化され置き去りにされた、あるいは問われないままに使い回されている記憶を今一度取り上げ、光を当て直し、共に新たな議論に出会おうとする。

本書は、憲法、沖縄、東京裁判、特攻隊のそれぞれの記憶を、その時代の個々のテーマに還元するのではなく、現在の国際的な枠組みの中に位置づけ直す作業を行っている。それぞれで取り上げる記憶が帯びざるをえなかった政治性を浮き彫りにし、安全保障の現在にいかにかかわってきたかを明らかにする。

周辺研究領域、すなわちアウトサイダーの視点から分析を加えることが本書の執筆陣の特徴ともいえよう。アウトサイダーとしてのまなざしは、国内で死角になっている記憶を照らし出している。各章では、できる限り記憶の構築を読み解き、その時代の空気や、色合いを受け取ろうとする。そのために実証や第一次資料を重んじている。第4章では、日本人と外国人の「記憶」について比較分析がなされ、社会学的、あるいは構築主義的な本書の研究視座の独自性を示している。

さらにどの章も記憶を形にし、現在と関連づける意義を大事にしている。また、記憶の変容だけではなく、むしろ記憶を批判する態度も冷静にすくいあげる。その上で、各論で記憶の再構築の重要性を提案する。

具体的には、第1章では、憲法制定史のひだに分け入り、これまで常識とされてきたことを問いなおす。これまで憲法制定史のエアポケットになってきた9条の思想がいかにもたらされたかを歴史的に洗い出す。さらに憲法問題調査委員会（松本委員会）の保守性について分析を再吟味する。日本側が戦争永久放棄を宣言せねばならなかった必然とともに、研究上においても「記憶喪失」になってしまっていた9条の発案者資料を用い「おしつけ憲法論」のミステリーを解こうとする。

第2章では、いかに国レベルの集団記憶が構成され、状況や背景に埋め込んで刻印・伝播していく役割を果すかについて探求している。すでに述べたように、集合的記憶の研究とは一般には国レベルでの集団がもつ記憶を表すが、ここでは草の根レベルの記憶論争を重ね分析を行う。そこで、過去の沖縄の記憶と関連づけ、現在の政治において議論が展開されていく傾向を取り上げる。戦時・戦後、国内外の政治的な力関係の両面で沖縄は二重の犠牲となってきた。過去から現在と関連づけ語り伝える意義を論じる。

第3章は、東京裁判の判決から派生した沖縄、領土、日本軍への責任、教科書、首相の靖国参拝などが国際的問題となり、未解決のままとなっていることを扱う。政府は一貫して東京裁判の記憶を批判してきた。A級戦犯として逮捕された岸信介が、戦後、裁判にかけられず総理大臣に就任するなど、保守的な政治家たちは自己批判を含めた歴史解釈を行わずにきたことを分析する。日本の国際刑事裁判所（ICC）加盟は、世界に向け東京裁判の汚名を払拭する好機だが、加盟への政府の認識は、むしろ記憶を批判する従来の態度の継承であると論じる。

第4章の特攻隊員の手紙分析では、記憶としての特攻アイデンティティは、集合的にも、個人的にも、特攻隊員たちの自己アイデンティティと大きく異なることを実証する。特攻隊員たちは、反復などで効果的に学習したイデオロギーに則った教育内容を叙情的な表現に託したという。体制的につくられた特攻隊員像と同時に、教育の犯罪的な機能が記憶研究を通して明らかにされている。歴史の中に葬られた特攻隊員のフェアな記憶の再構築を提案する。

終章では、焦点を現代に移し、2012年の第二次安倍内閣政権下で、記憶がいかに語られているかについて分析している。とくに国内外で取り上げられた、憲法9条の再解釈と戦後70周年首相談話の二点について掘り下げ、政権下の安全保障や外交政策における記憶とアイデンティティが果す役割について考察する。

4　未来のための記憶

本書は、できるだけ多角的な視点や意見を取り入れ、排他的な見方を遠ざけ、記憶を未来のために位置づける必要性を一貫して伝えようとするものである。戦争記憶はどう形作られるかによって、さらなる戦争を呼び寄せる怖さをもつ。時代の中で、私たちは旧態依然とした記憶を眺め直し、記憶の再確認、あるいは再生こそが現在求められているといえよう。

それぞれの章で指摘された未解決の戦争という状態に終止符を打つため『戦争への終止符――未来のための日本の記憶』というタイトルをつけた。

戦後70年の安倍首相談話では、経済発展のため米国と共に積極的に打って出るというメッセージが含められていた。「国際経済システムを発展させ……繁栄こそ、平和の礎です」「価値を共有する国々と手を携えて、『積極的平和主義』」。首相は戦争をしようとは思ってはいまい。ただ、アメリカに追随したいように見受けられる。彼の積極的平和主義の出所は、何より経済発展と受け取れる。

そもそも「積極的平和」とは、貧困、抑圧、差別などの「構造的暴力」がない状態のことであり「テロとの戦い」に勝利して、脅威を取り除くことではない。「積極的平和」の提唱者、ヨハン・ガルトゥングは、安倍首相の用いるそれは「私が1958年に考えだした『積極的平和（ポジティブピース）』の盗用で、本来の意味とは真逆」と述べている。平和学の中では、貧困や差別のない状態にまで平和を深めることが、戦争を防ぐことと明らかにされている。

ガルトゥングは暴力について次のように説明する。(5) 血が流れているとか、戦争が起こっているというようなはっきり見える暴力のことを直接的暴力とよぶ。その直接的暴力を支えているのが「構造的暴力」という。「構造的暴力」とは、置かれているひどい状況が人びと自身を追い詰め、その緊張しきった構造が暴力を招いているということだ。考えてみると、自分が不当に痛めつけられたり、不条理な状況に追いやられ排除されたりしたら、人というものは自分を責めたり、あるいは他者に対して攻撃的になるというメカニズムがある。私たちだって身内がひどく痛めつけられたり命を奪われたりしたら、とても平穏ではいられない。また、とんでもない貧困状況にあり他の地域の人びとはそうではないと知ったら、その格差や不平等にいらだち、気持ちがおさめられなくなるだろう。

ガルトゥングはさらに世界中で増大する軍事費や、貧困・紛争などで社会的弱者にされている者、さまざまな差別を受けている者、そして「議論も不十分なまま国会を通過し、戦争に国民を駆り立てる法案」なども構造的な暴力を形づくっていると言う。その上で「積極的平和」という言葉を用いる。ただ平和を待つのではなく、貧困、抑圧、差別などの「構造的暴力」がない状態をつくること。それは「テロとの戦い」に勝利し、テロの脅威を取り除くことではない。「テロリズム」は絶望から生まれる。いくらテロとの戦いに勝ったところで、希望がない場所では「テロリズム」は再生する。つまり、困難を抱える人びとにこの世界が生きるに値する場所と信頼してもらうようにすることでしか、テロを根こそぎ滅ぼす方法はない。

私たちは日本にあり、これからどんな世界を生きようとするのか。近隣国も声をあげはじめた平和共同体を共につくり、国内では社会的配分の機能により貧困を取り除く。たとえば、社会や学校で、弱い者が弱いままで生きられること。その能力の分かち合いにより、平和が深まる構造を私たちが理解し、雇用や地域のあり方にもつなげたい。

研究者だけでなく、市民の方々にも本書を通して意見を頂戴し、仲間に加えていただけたら本当にありがたい。政治家の方々にもこの本が届き、戦争永久放棄のための記憶の構築研究を現在の論議に用いてもらいたいと願っている。それらは、終わりなき戦争に終止符を打つための営みであると、私たちは希望をもっている。

（1）『小学館ランダムハウス英和大辞典』小学館（1985）。
（2）『広辞苑〔第3版〕』岩波書店（1983）。

（3）海外の日本思想史研究者などによる記憶研究には他に、ハリー・ハルトゥーニアン［カツヒコ・マリアノ・エンドウ編・監訳］（2010）『歴史と記憶の抗争――「戦後日本の現在」』みすず書房などがある。

（4）大林組（1993）『大林組百年史』〈https://www.obayashi.co.jp/chronicle/100yrs/t2c2s5.html〉（2016年1月現在）。

（5）ヨハン・ガルトゥング・藤田明史編（2003）『ガルトゥング平和学入門』法律文化社。

第1章　押しつけ憲法論からの自由

幣原喜重郎と憲法問題調査研究会

桜井　智恵子

1　はじめに

「押しつけ憲法」論に単純化された改憲論が近年、リアリティをもって語られている。時の首相が先陣をきって「これは占領軍がつくった憲法であったことは間違いない」「（GHQの）25人の委員が、まったくの素人が選ばれて、たったの8日間でつくられたのが事実であります[1]」という史実とは異なる、だが明快な「押しつけ憲法」論を展開している。

本稿では「押しつけ」と単純に切り捨てることが史実を誤ってとらえていることを、当時の史料を用い説明する。憲法9条の明文改憲へと向かう内閣の試みが、この国の終わらない戦争を再び顕在化させている。国会内外での混乱の末、2015年9月19日、安全保障関連法が成立し、憲法が、そして戦争が、リアリティをもって語られるいまこそ、戦争の記憶をみなおし、冷静にふりかえり、戦争への終止符を模索する必要がある。

まず第1節では、戦後の新憲法を提案する前史には「戦争永久放棄」を入れざるをえない日本側の必然があったことを確認する。つぎに第2節では、学術論文でこれまであまり取り上げられることのなかった幣原喜重郎（1872〔明治5〕年9月13日～1951〔昭和26〕年3月10日）の憲法9条発案を明かす聞き取り史料を提示する。また、会議記録に残る幣原発言を取り上げる。これを受けて第3節では、幣原の聞き取りと同様にこれまでほとんど研究対象とされてこなかった憲法案を作成した憲法問題調査研究会の「軍」議論プロセスを取り上げる。戦後すぐに内閣に設置された憲法問題調査委員会は、委員長の名前を取り「松本委員会」とよばれた。一般に流通している松本委員会の記憶は、保守的な憲法を提案した委員会を指す。しかし、それは書き換えられた記憶であることを議事録より指摘する。いわゆる憲法制定史は、GHQに憲法改正要綱が提出されたあと、つまり1946年2月以降のプロセスとして人びとの記憶に刻まれてきた。本稿では、その2月までにどのような形で9条の芽が提案されたかという点に絞り、複雑になりすぎないよう注意を払いながら議論を整理する。その上で「押しつけ憲法」論争と憲法改正をめぐる論点とを整理・検証することで、幣原思想の再発見の共有を目的としたい。

■憲法制定認識の現在

(1) 2015年押しつけ憲法論争——「GHQが草案」vs.「日本人も関与」

2015年5月7日、6党が参加した国会初の討論が衆議院憲法審査会で行われた。憲法改正を巡り、各党が意見表明や自由討議を行った。その中で、現行憲法の制定過程などをめぐる議論から、各党の「憲法観」の違いが鮮明になった。

審査会の議論が最も白熱したのは、現行憲法の制定過程についてだった。

民主党は、憲法が占領下にGHQ（連合国軍総司令部）の関与で誕生したことについて、日本人も制定にかかわっているとして、制定過程を理由にした憲法改正に否定的な立場を示した。同党の長妻昭は「GHQ案は（日本の）在野の憲法学者による憲法研究会の案をかなり参照し、（現行憲法を議論した戦後の）帝国議会で、多くの修正を経た」とし、一方的な「押しつけ」ではなかったと述べた。武正公一もまた「『押しつけ憲法論』について、各党の考え方も確認し、議論を進めていく」と語り、各党の憲法観から議論すべきだと訴えた。

「押しつけ憲法」という認識は近年、市民レベルにも共有されているように思われる。たとえば、戦後生まれの若者は憲法制定70年の取材で次のように述べている。「そもそも、憲法9条は敗戦のペナルティーとして、米国から押しつけられたとも言える(2)」。このように押しつけ憲法論だけではなく「押しつけ9条論」が流通している。
憲法が米国からの押しつけかそうでないかというのは、きわめて政治的な議論として戦後70年間、しかし深い議論とは言えぬまま継続されてきた。とりわけ、2000年の憲法調査会設置後は(3)「押しつけ憲法」という言葉が国会で頻出語となる。
憲法9条の発案者は誰か。それは謎めくミステリーとされてきた。次のインタビューを見てみよう。1981年4月9日に、元GHQ民政局次長のチャールズ・L・ケイディスへ古森義久がインタビューしたものである(4)。

古森：結局、憲法起草全体を通じて、最大のミステリーは、第九条のアイディアを一体、だれが最初に考えついたか、というわけですね。
ケイディス：もちろんもしそれが外国人、アメリカ人による発案だとすれば、それが日本人である場合とはかなり違ってくるでしょうね。もし日本人のアイディアであるということになれば、第九条を改正することが、より困難になるのでしょうね。
古森：そうです。だから日本では第九条の発案者がだれかは、非常に非常に政治的な問題なのです。

9条のアイディアを考えついたのは誰なのか、あるいはどういう状況から立ち上がってきたのか。先行研究の状況を整理するところからはじめたい。

(2) 研究者たちの9条発案者認識
まずは、GHQなど占領史研究の第一人者である竹前栄治（竹前 1983）である。竹前は次のように説明するにとどめている。「『戦争放棄』条項の発想が誰であったかについては、マッカーサー説、幣原説、『前段幣原・後段マッカーサー説』などいろいろである」。そこで、それぞれの説を確認したい。

①マッカーサー説

家永三郎は、マッカーサー発案として「マッカーサー草案という外国人起草の台本から出発」「日本国民を主体として考えるならば……むしろ帝国憲法こそ、国民に対する天下りの『おしつけ憲法』であったことを回想する必要があろう」（家永 1977：283）と述べている。

次の数名は、最も国民の憲法制定認識に影響をもたらしたと思われる研究者などであり、いずれもマッカーサー説をとる。

児島襄の『史録 日本国憲法』（児島 1972）は、1970年代以降、憲法関連文献の一般誌として最も読まれたであろう一冊だ。しかし、この中には事実と異なることがいくつか散見される。たとえば、1946年憲法問題調査研究会における「第三回総会の中心議題は、軍にかんする規定であったが、委員のほぼ全員が陸海軍存続に賛成であった」という箇所である。第4節でも引用するように議事録では、「軍ニ付テハ目下ノ情勢ヨリシテ之ニ関スル規定ハ停止スルカ又ハ削除スベシトノ論ハ勿論有力ナル」。つまり軍を削除した方がよいという議論が有力であったと記されている。すなわち、児島はまったく逆の内容を記していたことになる。さらに児島は、「松本国務相は、戦争放棄、軍備撤廃といった考えは幣原首相にはなかったはずだと、きっぱりと確信している」「マッカーサー・幣原会談では、だから戦争放棄条項の提案があったとすれば、それはマッカーサー元帥からであり、幣原首相としては、あまりの意外ごとに当惑したままに終わったか、あるいは自分の平和思想にこたえた儀礼的発言と理解したものかもしれない」（児島 1972：225）と「史録」というよりも持論を展開している。

古関彰一は憲法制定史の大家である。しかし、2015年に出版された最新書『平和憲法の深層』（古関 2

015）でも「九条は、昭和天皇の戦争責任を免罪するためであり、それはマッカーサーの意図でつくられたことが解明できた」と述べている。なお、岩波書店が新書やブックレットのかたちで出版しているもので、近年最も手に取りやすい憲法制定史は、『日本国憲法の誕生』（古関 2009）、『憲法九条はなぜ制定されたか』（古関 2006）など、古関による執筆がほとんどである。また、手に取りやすい文庫本としては、同様に憲法制定史の大家とされる西修（2000）『日本国憲法はこうして生まれた』（中央公論新社）がある。この中でも、以降に取り上げる、幣原とマッカーサーの1月24日対談についてはまったく扱われていない。これら古関や西の文献を参照して作られた書籍が多いと思われるため、ほとんどの文献がマッカーサー説、つまり「押しつけ論」を踏襲している。たとえば、読売新聞社調査本部がまとめた『憲法を考える――国際協調時代と憲法第九条』（読売新聞社 1993）も「第九条を考えていく場合に、その源流はマッカーサー・ノート……」と当然のごとくマッカーサー説であった。

②マッカーサー・幣原合作説

次に、マッカーサーだけではなく幣原との合作、あるいは幣原提案説をとるという文献を示しておこう。当時、委員会で軍削除の議論を展開した若手研究者に宮澤俊義がいた。1946年当時、憲法問題調査委員会の委員である。彼は当時、委員会で軍削除の議論を展開した研究者であった。次のように幣原とマッカーサーの合作ではないかと述べていた。

「第九条がそもそもだれのアイディアからうまれたのか、よくわからない……両人とも故人になっているので、これ以上たしかめる方法もないが……両人の合作と見るのが、真相に近いのかもしれない。」（宮澤 1967）

いっぽうで宮澤は、憲法制定過程のまっただなか、1946年3月号の『改造』に明快な論考を寄せていた。

「憲法改正において軍に關する規程をどう扱ふべきかの問題を考へてみる。現在は軍は解消したが、永久にさうだといふわけではないから、軍に關する規程はそのまま存置すべきだといふ意見もあり得よう。しかし、日本を眞の平和國家として再建して行かうといふ理想に徹すれば、現在の軍の解消を以て軍に一時的な現象とせず、日本は永久に全く軍備をもたぬ國家――それのみが眞の平和國家である――として立つて行くのだといふ大方針を確立する覚悟が必要ではないかとおもふ。いちばんいけないことは、眞に平和國家を建設するといふ高い理想をもたず、ポツダム宣言履行のためやむなくある程度の憲法改正を行つてこの場合を糊塗しようと考へることである。かういふ考へ方はしばしば『官僚的』と掲揚せられる。事實官僚はかういふ考へ方をとりやすい。しかし、それではいけない。日本は丸裸になつて出直すべき時である。」（宮澤 1946：25-26）

宮澤のこの発想や言葉の使い方は、第3節で扱う幣原喜重郎の思想とよく重なる。

つづいての小林直樹も合作説である。

「憲法九条はこの両者の〝合作〟になるものと見るのが、ほぼ真実に近い見方といえそうである。」（小林 1982）

立花隆（立花 2007）もまた、幣原の存在を尊重し記述している。

③幣原説

さて、次にあげるのが幣原説を採用している数少ない研究者たちの見解である。彼らに共通する特徴は、いずれも憲法制定史が専門の研究者ではないという点である。

まず杉原泰雄は、「憲法第九条の発案者といわれる幣原喜重郎は……」（杉原1987）と研究者の中では珍しく、明確に幣原と述べている。

ついで、山室信一は、最も史実に忠実に説明しているように思われる。

「幣原喜重郎首相が、憲法改正問題などを議論した際に軍備撤廃という考えを示唆し、それをマッカーサーとホイットニーが憲法条文に規定することにした、というのが妥当な理解であろう。」（山室2007）

さいごに、村川一郎（1996）は1958年の政府憲法調査会でのマッカーサーとホイットニーの聞き取りから、幣原が発想したという証言をあげている。ただ、この時期、彼は第3節で取り上げる平野三郎による幣原聞き取り文書を見つけられていないため、幣原証言が不足した論考となっている。

第3節にて9条発案者としての幣原の史料を展開する前に、次節では、戦争終結当時の日本の状況を見ておきたい。

2 「戦争永久放棄」――日本側の必然

1990年前後から資料の発掘が進み、さまざまな記憶が明らかになってきた。憲法制定史研究者の古関彰一は近著で、9条に「平和」の文字が盛り込まれたのはGHQの指示ではなく、国会審議の過程であると述べている（古関2015）。しかしながら、私が調べたところによると、国会審議より以前に、新憲法草案をつくるために組織された政府の憲法問題調査委員会で「平和」という言葉を用いた議論は重ねられていた。次節にて議事録を詳しくみるが、憲法草案がGHQに提出される2ヶ月以上前から日本側の「平和」をめぐる議論は行われており、また行なわれざるをえなかったのである。というのも、日本国憲法の条項は、ポツダム宣言の中味を現実化するためにつくられたものとも言えるからだ。

ポツダム宣言は、1945（昭和20）年7月26日にアメリカ合衆国大統領、イギリス首相、中華民国主席の名で大日本帝国に対して発せられた。他の枢軸国が降伏した後も交戦していた日本であるが「全日本軍の無条件降伏」等を求めた全13か条から成る宣言を受諾し、第二次世界大戦は終結した。日本の「無責任な軍国主義が世界より駆逐される」ことを示さなければならなかったのである。そこで、憲法9条とかかわるポツダム宣言の6、9、12条を見ておこう。

米、英、支三国宣言(5)（千九百四十五年七月二十六日「ポツダム」ニ於テ）

六、吾等ハ無責任ナル軍国主義カ世界ヨリ駆逐セラルルニ至ル迄ハ平和、安全及正義ノ新秩序カ生シ得サルコトヲ主張スルモノナルヲ以テ日本国国民ヲ欺瞞シ之ヲシテ世界征服ノ挙ニ出ツルノ過誤ヲ犯サシメタル者ノ権力及勢力ハ永久ニ除去セラレサルヘカラス

九、日本国軍隊ハ完全ニ武装ヲ解除セラレタル後各自ノ家庭ニ復帰シ平和的且生産的ノ生活ヲ営ムノ機会ヲ得シメラルヘシ

十二、前記諸目的カ達成セラレ且日本国国民ノ自由ニ表明セル意思ニ従ヒ平和的傾向ヲ有シ且責任アル政府カ樹立セラルルニ於テハ聯合国ノ占領軍ハ直ニ日本国ヨリ撤収セラルヘシ

それぞれ現代訳にすると次のようになる。

6．無責任な軍国主義が世界より駆逐されるまで平和、安全、正義の新秩序は実現できないと私たちは主張する。日本の国民を欺き、世界征服を目指そうという過ちを犯した者の権力は、永久に除去されなく

てはいけない。

9．日本の軍隊は完全な武装解除後、各自の家庭に戻り、平和で生産的な生活を営む機会を得られるものとする。

12．これらの目的が達成され、日本国民の自由な意思に従い、平和で責任ある政府が樹立されたとき、連合国占領軍は直ちに日本より撤退するものとする。

さまざまな思惑が重なる中、ポツダム宣言ではまず、軍国主義の駆逐と完全武装解除、そして平和な政府の樹立が要求された。東京にやってきたマッカーサーの第一の任務は、日本の非軍事化にあった。ポツダム宣言の受諾により、当時、陸海軍すべて日本軍は解体されることになった。日本国内における軍隊の解体は、きわめて迅速に進行し、1945年10月半ばにはほぼその目的を達成した(6)。

日本国憲法成立の全過程に関与した佐藤達夫によると、憲法成立過程をいわゆるマッカーサー草案の提示を境に、前期と後期に分けることができるという（佐藤1964：1）。前期は、日本政府部内における自主的な研究の段階であり、後期は憲法成立史の本体をなす部分である。後期に関しては研究も多いのであるが、前期の研究は憲法学の分野においてもきわめて少ない。その前期に憲法の方向性を決める重要な史実が数々見受けられることから、本稿では前期に焦点づけ、以下、考察・検討を行う。

戦争終結により大日本帝国憲法の改正が避けられないものとなり、憲法改正の検討が進められることになった。1945年9月末には、数名の学者を招いて外務省条約局において学習会を行った。前節であげた宮澤俊義は、翌月に設置される政府・憲法問題調査委員会の委員となる。以下は、宮澤学習会の講義記録の抜粋である(7)。

「ポツダム」宣言ニ基ク憲法、同附属法令改正要点
宮澤俊義教授講
昭和二十年九月二十八日於外務省

軍事大権（憲法第十一条統帥大権及第十二条軍政大権）軍隊消滅ニ伴ヒ軍事大権モ自ラ消滅スベク、憲法第十一条及第十二条ハ存在理由ヲ喪フ。

大日本帝国憲法では、第11条で統帥大権、第12条は軍政大権を規定していた。上記の記録をたどると両条文ともに存在理由がなくなると講義されていることがわかる。学者たちは軍の規定を「削除」することが必然と考えていたのであった。ポツダム宣言の要求が、軍国主義の駆逐と完全武装解除であったからである。

東久邇宮内閣の副書記官長で、元海軍少将の高木惣吉の依頼によって、矢部貞治東大教授が作成した1945（昭和20）年10月3日付の憲法改正案でも軍の削除が示されている。

矢部貞治東大教授作1945年10月3日付憲法改正案

(6)軍事ニ関スル規定ハ、改正シテ存置シ得レハ理想的ナルモ、軍隊モ、陸海軍省モ、統帥機関モ、全廃セラルルニ於テハ、ソノ実体ヲ失フヲ以テ、政治的事情ニモ鑑ミ、寧ロ削除スルコトトス。（以降、傍線は著者）

矢部は、のちに内閣憲法調査会副会長となる政治学者で、戦前は近衛文麿のブレーンとなった政策研究集団「昭和研究会」のメンバーでもあった。矢部の案は、「この機会に自主的に憲法を改正」するとの立場から、天皇「統治」（君臨）のもとに民意を反映した政治体制を実現することで、明治憲法の統治制度を議院内閣制に近づけようとするものであった。(8)

一方、議会の議論でも次のようなやりとりがあった(9)。

中谷武世発言

第八十九回帝国議会衆議院　予算委員会議録（速記）第七回

昭和二十年十二月八日

中谷委員：今日の日本に取りての最高課題は「ポツダム」宣言の完全履行……自主的に積極的に是が完全履行を図る、茲に所謂道義日本の再出発があると確信するのであります

幣原国務大臣：「ポツダム」宣言は我が国の軍国主義を拭ひ去り、民主主義、平和主義、合理主義に基いて我が国を改革せんとするもの

中谷委員：國家として生半可な武力を持つて居らないことが、即ち所謂武力的意味に於ての實質的國力を缺いて居ると云ふことが、却て敗戰日本の一つの強味ではないかと考へられる、即ち民族として身に寸鐵を帯びて居らぬと云ふことが、却て非常な強味ともなると考へられるのであります……「インド」の「ガンヂー」が説いた所の非暴力主義……即ち武装を解除せられたる日本が、純然たる文化國家として隆々として平和的繁榮を遂げ、再び世界の一流國家の水準にまで復興して、世界の文化に貢獻するの實を示しまする時に、日本の武装解除は單に日本一國の武装解除に止らないで、軈て世界の武装解除を誘導し來る「何事ぞ花見る、人の長刀」と云ふ川柳がありますが、文化の華の前に徒らに強大なる武備を持つて居ると云ふことを恥づるに至るやうな、即ち武装なき、從つて強力を以て一民族が他民族を支配すると云つたやうなことのない道義的世界國家の建設……又「ポツダム」宣言の受諾の意義も斯くの如き理想主義的解釋に結付けて初めて眞の自主性と積極性が生じ來ると考へる

ポツダム宣言の受諾からスタートせざるをえなかった戦後だが、その基調は「軍削除」であり、武力を持たないという考え方が多くの国民の想いであった。国民総動員体制からようやく解放され、日々の食料確保問題

が新聞の第一面に取り上げられる時世であった。多くの国民にとって、戦争はもうこりごりであり、平和への希求は当たり前の心性であった。

宮澤俊義によると「日本憲法ができたとき、いちばん目立った反対論は、国民主権に対するものであった。ところが、今では、いちばんの反対論は、第九条に対するものである。第九条が作られたときの日本には、軍隊は存在しなかった。国民は食うや食わずの状態で、戦争にはこりごりしていた。かりに軍隊があったとしても、戦争をするなどという考えは、だれにもなかったろう。したがって、第九条が、戦争を放棄する、軍備をもたない、と規定したと聞いても、その平和主義を歓迎する気持にこそなれ、とくに反対する気持にはならなかった」（宮澤 1967：200）という。

そういった戦争終結直後の人びとの気分の中で、中谷の発言にみられるようなポツダム宣言受諾の意味を、日本の武装解除にとどめず、世界の武装解除に向けての戦力放棄と位置づける発想が出てきていた。

次節では、憲法9条の戦争放棄、戦力放棄にかかわる発想の出所について検証していく。

3　幣原喜重郎が明かした事実

憲法制定を任された時の首相は幣原喜重郎である。憲法をめぐる戦後の論争には根深い対立があるが、たとえば、幣原をテーマとした作家、塩田潮は「憲法制定の経過、とりわけ第九条の戦争放棄条項が設けられた事情について触れないわけにはいかない。ところが、この部分は、戦後最大の論争テーマであり、容易に踏み込むことができない問題でもあった。そのため、憲法制定と幣原の関連は、歴史のエア・ポケットに置き去りにされてきた」という（塩田 1992：576）。

憲法調査会は、憲法調査会法の規定に基づき1956（昭和31）年6月11日に内閣に設置された内閣の委員会的機関である。実は、その憲法調査会の渡米報告の際にも、幣原が第9条の提案をしたと実証されていたことが、1959年に報道されている。

第九条、幣原氏の提議――憲法調査会　高柳会長の渡米報告

「高柳憲法調査会会長は、二十一日午後二時から首相官邸で開かれた同調査会総会で、同会長らが昨年十一月渡米して、憲法の制定事情について、米国側の資料調査を行った結果を次のように報告した。
一、憲法制定の過程において、極東委員会、米本国政府、マ司令部が関係したが、極東委員会の憲法制定に対する影響はきわめて少なく、米国政府の影響がより大きかった。しかしマ司令部は米国政府の指示のみで行動したわけでなく、マ元帥自身の自由裁量による政治的決定の影響が大きい。
一、マ司令部は一九四六年二月までは憲法制定を日本政府に自発的に行わしめる方針であったし、それ以前に司令部が日本に押しつける憲法草案を作ったというのは推測にすぎない。松本委員会の松本草案が米政府や極東委員会の承認をうける可能性はないと認めたマ元帥は急速に司令部案を作成し、これをモデルとして日本政府案の作成を促した。マ元帥がこのような措置をとったのは、当時の国際情勢によったものである。つまり当時「天皇を戦犯として裁判に付すべきだ、天皇制は廃止すべきだ」という圧迫が強かった。マ元帥としては天皇制を保存するためには日本憲法を早急に作ることが必要だと考えたもので、米国式憲法を日本に押しつけるといった心理で動いたのではなかった。
一、天皇制については米国では廃止すべしとの世論が圧倒的であったが、米政府は保存論に傾いていた。民主化された天皇制を残すべしとの意思が表示されたのは、司令部草案の作成を命じた際のマ元帥の手記によったものである。その中でマ元帥は『天皇は日本国家の元首とすべし』と書いてある。元帥は天皇制は日本の政治的文化的存続に本質的な不可欠なものであると考え、これを維持する決意を早くからもって

いた。

シンボルという言葉はマ元帥でなく、民政部の法律家の考えたものである。しかしシンボルという言葉を用いたことによって天皇が元首であることを否定する趣旨ではなかった。

一、戦争放棄に關する憲法九条の規定についてマ元帥は、日本が再び外国を侵略することのないという決意を示し、世界を精神的に指導することが、その趣旨だという考えをもっていた。しかしマ元帥は日本が他国から侵略される危険に対してその安全を守るため必要なあらゆる措置をとりうることを第九条は否定するものでないと考えている。

マ元帥は、第九条を憲法に入れることを提案したのは、マ元帥でなく、幣原元首相の提議によるものであることを明らかにした。」（朝日新聞1959年1月22日）

＊「マ」＝マッカーサーのこと

報告では、司令部が、憲法制定を日本政府に自発的に行わせる方針であり、司令部が日本に押しつける憲法草案を作ったというのは推測であること、マッカーサーは天皇制を残すため憲法を早急に作ることが必要と考え、米国式憲法を日本に押しつける方向で動いたのではないことが明らかにされた。そして、マッカーサーは9条を憲法に入れることを提案したのは、自分ではなく、幣原元首相の提案によるものと証言した。

では、幣原自身の証言はどうであろうか。

■『外交五十年』

『外交五十年』は、幣原が読売新聞社の求めに応じて口述速記された文献であるが、その中で、彼が1945年8月15日玉音放送を日本クラブで聞いた帰りに出会った光景が「軍備全廃の決意」にも連なったと述べている。「感激の場面に出逢った」というのは、三十代ぐらいの元気のいい男が向うの乗客に次のように叫んだ次のシーンであった。

「一体君は、こうまで、日本がおいつめられたのを知っていたのか。なぜ戦争をしなければならなかったのか。おれは政府の発表したものを熱心に読んだが、なぜこんな大きな戦争をしなければならなかったのか、ちっとも判らない。戦争は勝った勝ったで、敵をひどく叩きつけたとばかり思っていると、何だ、無条件降伏じゃないか。足も腰も立たぬほど負けたんじゃないか。おれたちは知らん間に戦争に引入れられて、知らん間に降参する。怪しからんのはわれわれを騙し討ちにした当局の連中だ」

怒っていた男はやがて大声で泣き出し、幣原は「この光景を見て、深く心を打たれた」と記す。

「私は図らずも内閣組織を命ぜられ、総理の職に就いたとき、すぐに私の頭に浮んだのは、あの電車の中の光景であった。これは何とかしてあの野に叫ぶ国民の意思を実現すべく努めなくてはいかんと、堅く決心したのであった。それで憲法の中に、未来永劫そのような戦争をしないようにし、政治のやり方を変えることにした。つまり戦争を放棄し、軍備を全廃して、どこまでも民主主義に徹しなければならないということは、他の人は知らないが、私だけに関する限り、前に述べた信念からであった。

……軍備に関しては、日本の立場からいえば、少しばかりの軍隊を持つことはほとんど意味がないのである。……中途半端な、役にも立たない軍備を持つよりも、むしろ積極的に軍備を全廃し、戦争を放棄してしまうのが、一番確実な方法だと思うのである。」(10)

ただ、『外交五十年』では、憲法9条発案をめぐるいきさつについては「昭和20年に隠遁の宿志を果たすことが出来ず、引続き現在に至るまで公人生活を続けているが、回顧談としては余りに生々しいので、それは後の機会に譲ることとし」(11)と1951年3月の時点では明確に語られていない。しかし、幣原は後にそのいきさつの記憶を密かに明らかにしていた。

■幣原聞き取り文書

1963年「幣原先生から聴取した戦争放棄条項等の生まれた事情について」という報告書が平野三郎によって憲法調査会に提出された。これは「平野文書」とよばれたものである。平野三郎(1912年3月23日〜1994年4月4日)は当時、幣原衆議院議長秘書としてその側近にあり、1949年より衆議院議員(自民党)を5期、1966年より岐阜県知事を3期務めた。農林政務次官、衆院構成委員長、自民党政調副会長、国家対策副委員長などを歴任している。平野は「制憲の真実と思想」を1964年4月号『世界』で発表している。編集部によるまえがきは次のようである。

「現行憲法の成立をめぐるいきさつは、その制定以来絶えず論議され、とりわけ、改憲論者は、『アメリカの押しつけ』であったかどうかを大きな問題にしてきた。そして幾つかの史実や挿話が伝えられてきたが、このたび、第九条と天皇制の規定は当時の首相幣原喜重郎氏の発案であったという重大な指摘をした平野三郎氏の文書が発表された。……折から八年にわたる調査をまとめ報告書作成にとりかかっていた政府の憲法調査会も、この『平野文書』に注目し、その求めに応じて前文から作成された報告書『幣原先生から聴取した戦争放棄条項等の生まれた事情について』が大きな波紋を呼んだことは、既に各紙が報じたところである。」

幣原が亡くなる10日前の1951年2月に平野三郎が直接ヒアリングしたその平野文書、すなわち平野による「幣原聞き取り文書」は、残念ながら憲法制定史の研究者にはほとんど扱われていない。本資料は、198

6年に所蔵していた西沢哲四郎の家人から国会図書館に寄贈されている。西沢は、1956年6月～1964年7月まで開かれた憲法調査会の最後の時期の事務局長（1963年6月～1964年7月）であった。幣原聞き取り文書には、明確に憲法9条の発案者が幣原であることが明かされ、またその思想を幣原自ら説明している。2004年憲法調査会でも資料の存在が指摘されていた。以下、幣原聞き取り文書「幣原先生から聴取した戦争放棄条項等の生まれた事情について」より抜粋する。

問　かねがね先生にお尋ねしたいと思っていましたが、幸い今日はお閑のようですから是非うけたまわり度いと存じます。実は憲法のことですが、私には第九条の意味がよく分りません。あれは現在占領下の暫定的な規定ですか、それなら了解できますが、そうすると何れ独立の暁には当然憲法の再改正をすることになる訳ですか。

答　いや、そうではない。あれは一時的なものではなく、長い間僕が考えた末の最終的な結論というようなものだ。

問　そうしますと一体どういうことになるのですか。軍隊のない丸裸のところへ敵が攻めてきたら、どうするという訳なのですか。

答　それは死中に活だよ。一口に言えばそういうことになる。

問　死中に活といいますと……。

答　たしかに今までの常識ではこれはおかしいことだ。しかし原子爆弾というものが出来た以上、世界の事情は根本的に変わつて終つたと僕は思う。何故ならこの兵器は今後更に幾十倍幾百倍と発達するだろうからだ。恐らく次の戦争は短時間のうちに交戦国の大小都市が悉く灰燼に帰して終うことになるだろう。そうなれば世界は真剣に戦争をやめることを考えなければならない。そして戦争をやめるには武器を持たないことが一番の保証になる。

……人類は有史以来最大の危機を通過する訳だが、その間どんな事が起るか、それはほとんど予想できない難しい問題だが、唯一つ断言できることは、その成否は一に軍縮にかかつているということだ。若しも有効な軍縮協定ができなければ戦争は必然に起るだろう。既に言つた通り、軍拡競争というものは際限のない悪循環を繰り返すからだ。

……唯もし軍縮を可能にする方法があるとすれば一つだけ道がある。それは世界が一せいに一切の軍備を廃止することである。

一、二、三の掛声もろとも凡ての国が兵器を海に投ずるならば、忽ち軍縮は完成するだろう。勿論不可能である。それが不可能なら不可能なのだ。

ここまで考えを進めてきた時に、第九条というものが思い浮かんだのである。そうだ。もし誰かが自発的に武器を捨てるとしたら——

最初それは脳裏をかすめたひらめきのようなものだった。次の瞬間、直ぐ僕は思い直した。自分は何を考えようとしているのだ。相手はピストルを持つている。その前に裸のからだをさらそうと言う。なんという馬鹿げたことだ。恐ろしいことだ。自分はどうかしたのではないか。若しこんなことを人前で言つたら、幣原は気が狂ったと言われるだろう。正に狂気の沙汰である。

しかしそのひらめきは僕の頭の中でとまらなかった。どう考えてみても、これは誰かがやらなければならないことである。恐らくあのとき僕を決心させたものは僕の一生のさまざまな体験ではなかつたかと思う。何のために戦争に反対し、何のために命を賭けて平和を守ろうとしてきたのか。今だ。今こそ平和だ。今こそ平和のために起つ秋ではないか。そのために生きてきたのではなかったか。そして僕は平和の鍵を握つていたのだ。何か僕は天命をさずかったような気がしていた。（略）

問　お話の通りやがて世界はそうなると思いますが、それは遠い将来のことでしょう。しかしその日が来るまではどうする訳ですか。目下の処は差当り問題ないとしても、他日独立した場合、敵が口実を設けて侵略してきたらです。

答　その場合でもこの精神を貫くべきだと僕は信じている。そうでなければ今までの戦争の歴史を繰り返すだけである。然も次の戦争は今までとは訳が違う。

僕は第九条を堅持することが日本の安全のためにも必要だと思う。

（略）

そのことは此処だけの話にして置いて貰わねばならないが、実はあの年（昭和二十年）の春から正月にかけ僕は風邪をひいて寝込んだ。僕が決心をしたのはその時である。それに僕には天皇制を維持するという重大な使命があつた。元来、第九条のようなことを日本側から言い出すようなことは出来るものではない。まして天皇の問題に至っては尚更である。この二つに密接にからみ合っていた。実に重大な段階であった。

幸いマッカーサーは天皇制を存続する気持を持つていた。本国からもその線の命令があり、アメリカの肚は決つていた。ところがアメリカにとつて厄介な問題があった。それは豪州やニュージーランドなどが、天皇の問題に関してはソ連に同調する気配を示したことである。これらの国々は日本を極度に恐れていた。日本が再軍備したら大変である。戦争中の日本軍の行動は余りに彼らの心胆を寒からしめたから無理もないことであつた。殊に彼らに与えていた印象は、天皇と戦争の不可分とも言うべき関係であつた。日本人は天皇のためなら平気で死んでいく。恐るべきは「皇軍」である。という訳で、これらの国々のソ連への同調によって、対日理事会の票決ではアメリカは孤立化する恐れがあった。

この情勢の中で、天皇の人間化と戦争放棄を同時に提案することを僕は考えた訳である。

……そこで僕はマッカーサーに進言し、命令として出して貰うよう決心したのだが、これは実に重大なことであつて、一歩誤れば首相自らが国体と祖国の命運を売り渡す国賊行為の汚名を覚悟しなければならぬ。松本君にさえも打明けることのできないことである。

問　元帥は簡単に承知されたのですか。

答　マッカーサーは非常に困つた立場にいたが、僕の案は元帥の立場を打開するものだから、渡りに舟というか、話はうまく行つた訳だ。しかし第九条の永久的な規定ということには彼も驚ろいていたようであった。僕としても軍人である彼が直ぐには賛成しまいと思つたので、その意味のことを初めに言つたが、賢明な元帥は最後には非常に理解して感激した面持で僕に握手した程であつた。

元帥が躊躇した大きな理由は、アメリカの侵略に対する将来の考慮と、共産主義者に対する影響の二点であつた。それについて僕は言つた。

日米親善は必ずしも軍事一体化ではない。日本がアメリカの尖兵となることが果たしてアメリカのためであろうか。原子爆弾はやがて他国にも波及するだろう。次の戦争は想像に絶する。世界は亡びるかも知れない。世界が亡びればアメリカも亡びる。問題は今やアメリカでもロシアでも日本でもない。問題は世界である。いかにして世界の運命を切り拓くかである。日本がアメリカと全く同じものになったら誰が世界の運命を切り拓くか。

好むと好まざるにかかわらず、世界は一つの世界に向つて進む外はない。来るべき戦争の終着駅は破滅的悲劇でしかないからである。その悲劇を救う唯一の手段は軍縮であるが、ほとんど不可能とも言うべき軍縮を可能にする突破口は自発的戦争放棄国の出現を期待する以外にないであろう。同時にそのような戦争放棄国の出現も亦ほとんど空想に近いが、幸か不幸か、日本は今その役割を果し得る位置にある。歴史の偶然はたまたま日本に世界史的任務を受け持つ機会を与えたのである。貴下さえ賛成するなら、現段階における日本の戦争放棄は、対外的にも対内的にも承認される可能性がある。歴史のこの偶然を今こそ利用する秋である。そして日本をして自主的に行動させることが世界を救い、したがってアメリカをも救う唯一つの道ではないか。

……世界の共通の敵は戦争それ自体である。(12)

以上のように、幣原聞き取り文書では、1月24日マッカーサー会談と幣原の世界に向けての戦力放棄という思想の2点が中心に語られている。

この聞き取りの中で、まずは、憲法9条発案の証言を押さえておきたい。1946年1月24日のマッカーサーとの3時間以上に及ぶ対談の中味である。幣原が「天皇の人間化と戦争放棄」を同時に提案したこと。それに対し、マッカーサーも自分の立場を打開するものであるから快諾した。しかし、9条の永久規定にはマッカーサーは驚いたと、幣原もまたマッカーサー自身と同様の証言をしている。

次に「戦争放棄」である。「敵が口実を設けて侵略して」きても「この精神を貫くべき……そうでなければ今までの戦争の歴史を繰り返すだけ」と延べ「第九条を堅持することが日本の安全のためにも必要」と幣原は考えたという。さらに、世界を救う唯一の手段は軍縮だが、ほとんど不可能とも言うべき軍縮を可能にする道は「自発的戦争放棄国の出現を期待する以外にない」。マッカーサーさえ賛成するなら「日本の戦争放棄は、対外的にも対内的にも承認される可能性がある」。歴史のこの偶然を今こそ利用し「日本をして自主的に行動させることが世界を救い、したがつてアメリカをも救う唯一つの道ではないか」と述べている。

さらに、最も幣原思想の根幹とも言える「戦力放棄」についてである。「戦争をやめるには武器を持たないことが一番の保証になる。」人類の危機を乗り越えるための成否は軍縮にかかつており「軍縮を可能にする方法があるとすれば……世界が一せいに一切の軍備を廃止すること」とし「これは誰かがやらなければならないこと」と覚悟していた様子がヒアリングに残されている。

■幣原発言

説明したように、憲法制定の経過は、1946（昭和21）年2月13日を「ターニング・ポイント」として、その前後で大きく二つの段階に区分されている。前者は、1945（昭和20）年10月、最高司令官が「憲法の自由主義化」を示唆、これをうけて日本政府による明治憲法の調査研究が開始され、翌1946年2月、改正案（憲法改正要綱）が総司令部に提出されるまでの段階である。後者は2月13日、総司令部が日本側の改正案を拒否し、逆に、自ら作成した原案（GHQ草案）を提示することで局面が転回し、新たな憲法の制定・公布にまで至る過程である。(13)

後者の段階である1946年3月以降となるが、会議記録に残る幣原発言をみてみよう。(14)

〈枢密院非公式會合、1946年3月20日〉

「戦争放棄は正義に基く大道で、日本はこの大旗をかゝげて国際社會の原野をひとり進むのである。……他日新たなる兵器の偉力により、短時間のうちに交戰国の大小都市悉く灰燼に帰するの惨状を見るに至らば、その時こそ諸國は始めて目覚め、戰争の放棄を真剣に考へるであらう。その頃は、私はすでに命數を終って墓場の中に眠つてゐるであらうが、その時、私はその墓石の蔭から後をふりかへつて、諸國がこの大道につき従ってくる姿を眺めて喜びとしたい。」

〈貴族院、1946年8月27日〉

「改正案の第九條は戰争の放棄を宣言し、我が國が全世界中最も徹底的な平和運動の先頭に立つて指導的役割を占むることを示すものである。今日の時勢になほ国際関係を律する一つの原則として、或る範囲の武力制裁を合理化、合法化せんとするが如きは、過去に於ける幾多の失敗を繰り返す所以であつて、最早我が國の學ぶべきところではない。文明と戰争とは結局両立し得ないものである。文明が速かに戰争を全滅しなければ、戰争が先づ文明を全滅することになるであらう。私は其様な信念をもつてこの憲法改正案の議に興つたのである。」

〈第90回貴族院帝国憲法改正案特別委員会、1946年9月13日〉

「……世界の輿論が侵略国である、悪い国であると云ふやうな感じを持って居ります以上は、日本が如何に武力を持って居ったって、実は役に立たないと思ひます（略）留保に依ってそれは出来ないと云ふやうな方針を執って行くのが一番宣かろう、我々は其の方針を以て進んで行きますならば、世界の輿論は翕然として日本に集って来るだらうと思ひます、兵隊のない、武力のない、交戦権のないと云ふことは、別に意とするに足りない、それが一番日本の権利、自由を守るのに良い方法である、私等はさう云ふ信念から出発致して居るのでございますから[15]。」

幣原の実際の声を示す第一次史料の最後は、彼の演説原稿を示したい。機会ある毎に幣原は「戦争放棄」とその対策について国民に呼びかけ理解を求めた。この演説には幣原の戦争永久放棄と軍備不保持の信念がよく表われている。

「……我憲法の條規は一切軍備を禁ずるのみならず、積極的に侵略國の死命を制するの力なくして、唯消極的に敵軍の我領土に上陸侵入することを防ぐに足る程度の中途半端な自衛施設などは、却て侵略國を誘びき出す餌となるに止まり、侵略國を引掛ける釣針にはなりませぬ。或は比較的に弱勢の兵力でも全くないよりは優るであらう。少くとも或帰還は侵入軍を阻止するだけの効果があるであるなどと想像せられるかも知れませぬが、近大の歴史は寧ろ反對の事實を示すものがあります。……我國が他國の侵略に遇つた場合に、何づれかの第三國より兵力的掩護を受けむとする構想に至つては、凡そ一國が何時でも優勢なる兵力を東洋方面に集中し得る體制を整へて日本を掩護することは、固より容易ならざる犠牲を伴ふものであります。従つて我國が豫め特定の第三國と條約を結び、その第三國自ら現實の利害関係を有つてゐない場合でも、有らゆる犠牲を忍んで、日本を掩護すべき義務を引き受けむことを期待するが如きは元来無理な註文と謂はざるを得ませぬ。加之かゝる兵力的掩護條約の存在それ自體が侵略國を刺激し、その敵対行動の口實を假すことになりませう[16]。」

憲法において天皇の地位を象徴として存置するとした第1条と戦争放棄・軍備不保持を定めた第9条には、昭和天皇の戦争責任問題が大きくかかわっていた。戦争放棄条項は、昭和天皇を戦犯から除外するための戦略として憲法に盛り込まれたとまずは理解できる（古関2006）。ただ、幣原にあってはここに止まらない。軍備不保持という覚悟が日本を救う最も近道と、政界人や国民に向けて問い続けている。

マッカーサーもまた9条の提案が幣原からであったことを何度も戦後証言している。1958年に政府憲法調査会は日本国憲法制定に関し連合国関係者に質問状として、高柳賢三会長が元連合国総司令官マッカーサーとホイットニーに対してそれぞれ当時の状況を質す次のような書簡を送付した[17]。

「幣原総理が新憲法起草の際に、戦争と武力の保持を禁止する条文をいれるように提案したのか。それとも、このような考え方を日本の将来の政策としてマッカーサー元帥に伝え、元帥が日本政府に対してこのような考えを憲法に入れるよう勧告したのか。」

これに対して、マッカーサーは次のような内容の返書を送付してきた。

「戦争を禁止する条項を憲法に入れるという提案は、幣原総理が行ったものです。総理は、私の職業軍人としての経歴を考えると、このような条項を憲法に入れることに対して、私がどのような態度をとるか不安であったので、憲法に関して、おそるおそる私に会見の申し込みをしたと言っておられました。私は、総理の提案に驚きましたが、私も心から賛成であると言うと、総理は、明らかに安堵の表情を示し、私も感動いたしました。」

また、ホイットニーは、総司令部民政局長であった当時に総司令部草案起草にあたり、マッカーサーと幣原とのやり取りからヒントを得て、「戦争の抛棄」を起草したと証言している。それでは、1月24日幣原・マッカーサー対談以前の憲法制定をめぐる議論はどうだったのか。ここで、対談よりも前に、憲法問題調査研究会において、軍備不保持に関して幾度も議論されている点を見ておこう。

4　憲法問題調査研究会の「軍」議論――1945年10月〜1946年1月

改憲準備は、幣原内閣の設けた憲法問題調査委員会において国務大臣松本烝治を委員長とし、顧問野村淳治、宮澤俊義、入江俊郎、佐藤達夫らを中心に進められた。いわゆる松本委員会である。

前述したように、これまでの日本国憲法の制定過程の研究では、この委員会は高くは評価されてこなかった。その憲法草案が明治憲法に根本的な変更を加えない現状維持的なものであったためである。そのこともあって、松本委員会での議論を詳細に検討する研究はほとんどみられなかった。ところが近年になり、憲法学者の高見勝利が松本委員会での軍のあり方をめぐる議論のすぐれた分析を行っている。[18]その分析から軍をめぐってのいくつかの特徴をあげてこう。

①日本国憲法の制定された1945〜46年の時点では軍は存在せず、憲法9条がその時の現実に基づいて制定されたこと、②松本委員会内部で、当初からすでに軍の規定の削除論（宮澤）と存置論（美濃部）との対立が存在したこと、③最終的な松本案（「憲法改正要綱」案）では存置論が採用されたが、そこにいう「軍」とは、陸海軍をいうのではなく、防衛のために必要な最小限度の国防力と解されていたこと。

さて、一般的には、松本委員会を含む改憲準備において、国内では思い切った議論が行われなかったという認識であり、たとえば、家永三郎は次のように述べていた。

「幣原内閣は、首相はじめ外務大臣吉田茂、憲法担当の松本らいずれも強い旧体制維持の保守思想のもち主で占められていたから、帝国憲法をそのまま維持することだけは断念したものの、できるだけ、局部的改正にとどめ、天皇制を軸とする基本理念を大きく改めることを欲せず、その趣旨に沿い松本の執筆した憲法改正要綱と説明書とを……2月8日に総司令部に提出した」（家永1977：283）

ところが、憲法問題調査委員会の発足は1945年10月27日であり、初回から「軍備の撤廃」が前提で始まっている。それでは、具体的に見ていこう。

憲法問題調査委員会議事録

憲法問題調査委員会第一回総会　昭和二十年十月二十七日（土）

〇野村顧問

全般的ニ改正ヲスルトイフ趣旨ハ結構デアルガ……第一ハ軍備ノ撤廃ニ伴ヒ如何ナル改正ガナサルベキカ、軍ノ統帥編成ノ大権ノ規定ノ如キハ不要デアルカドウカトイフ様ナ問題宣戦戒厳ニ関シテモ同様ノ問題ガアルト思フ。

憲法問題調査委員会第一回調査会議事録　昭和二十年十月三十日（火）

第十一条　第十二条　全部削除スルカ、或ハ此ノ儘ニシテ置クカ大問題デアル。……

国際政治的ニハ存置スルコトハ不都合デアル。実害ノ無イモノハ削除シテ何等差支ガナイ。

以降、軍の削除か、存置かで議論が激しく展開している。

憲法問題調査委員会第二回総会議事録　昭和二十年十一月十日（土）

七　所謂独立命令ヲ存置スベキヤ（Cf憲第九条）

本件ニ付テハ第二回調査会ニ於テ次ノ如キ両説ガ対立シタ。
（イ説）削除スベシ（削除ニヨツテ生ズル不便ハ法律ノ委任ニ依リ補フヲ得ベシ）
（ロ説）存置スベシ（存置ニヨツテ生ズル弊害ハ法律事項ノ強化ニヨツテ避クルヲ得ベシ）

憲法問題調査委員会第三回総会議事録　昭和二十年十一月十四日（水）

軍ニ付テハ目下ノ情勢ヨリシテ之ニ関スル規定ハ停止スルカ又ハ削除スベシトノ論ハ勿論有力ナルモノナルモ、此際ハ存置スルトセバ如何ニスルカトノ審議ヲ為シ置ク方大切ナルヲ以テ此ノ線ニ沿ヒテ論議スルコトトセリ

委員として参加した佐藤達夫によると、たとえば11月14日の委員会については次のように記されている。「軍に関する規定については、現在の情勢からいって、これを停止するか、または削除すべしという議論は、もちろん有力であるが、この際としては、これを存置するとすればどのように措置するかについて研究しておく必要があろう・ということから、その前提において審議が進められた」（佐藤１９６４：２９９）。つまり、軍を削除することは委員会の有力な議論であったのである。

憲法問題調査委員会第六回調査会議事録　昭和二十年十一月二十四日（土）

第十二条　天皇ハ陸海軍ノ編成及常備兵額ヲ定ム
○潔ク裸ニナツテ平和国家トシテヤツテ行クノダトイフコトヲ明ラカニ示ス方ガ内外共ニ必要デアルカラ、第十一条及第十二条ハ削除スルヲ至当トス

憲法問題調査委員会第五回総会議事録

日時　昭和二十年十二月二十二日（土）午前十時半―午後四時

第一一、一二条ノ問題ハ、外ノ情勢ニヨツテ決マルコトニナルト思ハレルカラココデハコノママ通過スルガ、削除スレバ一層簡単、モシ削除シナイノナラ二ケ条ヲ一ケ条トシ、更ニ軍事ニ関シテモ大臣ノ輔弼事項ナルコトヲ明文化スルコトニハ異議ガナイ、第一三条ノ宣戦ニツイテモ同様。

憲法問題調査委員会第一回乃至第四回総会並びに第一回乃至第六回調査会に於て表明せられたる諸意見
［昭和20年12月22日提出］
第一一条及び第一二条
（イ説）之を存置し、次の如く修正すべし。……
（ロ説）第一一条及び第一二条を削除すべし。
（憲法改正を行ひつつ之を存置するは妥当を欠くのみならず、之を削除するも将来軍を設くる上に於て憲法上別段の支障なし）。

この委員会では、外務省条約局の意見「憲法第十三条（外交大権）ノ改正問題ニ付テ」（昭和二十、十一、十）が引照された[19]。佐藤はこれを次のように現代文で翻訳している。「宣戦および講和については、軍隊の解消した今日、これを削除すべしという意見もあるが、ポツダム宣言は、将来日本が独立した場合において、主権国として当然保有しうべき最小限の国土防衛軍の保有までも禁止するものではないし、また一方には、宣戦および講和についても議会に付議するように改正すべしという意見もあり、現在の不確定な事態の下にこの条項に手を付けること自体不適当で、結局、平和条約の締結までは、みだりにこれに触れない方がいいであろう。」

軍を削除する方がよいという委員会意見の方向に対し、外務省条約局が勢いを止めた形になっている。この文書の作成担当は、当時の外務省条約局の条約局長、杉原荒太《すぎはらあらた》（1899～1982年）である。後に、杉原は防衛庁長官を務める。後年、述べた彼の安全保障に関する意見も付しておきたい。

（参議院本会議　昭和26年11月18日）

「……有効なる自衛手段を持たず、又性急な、急速再軍備論のごときが、可否の点から申しましても、又能否の点から見ましても、にわかに成り立ちがたい今日の実情の下においては、……日米安全保障條約こそは、欠くべからざるこの補強措置として、国民の常識と理性の命ずるところと申さなければなりません。」

杉原は1951年より衆議院議員になり、国会答弁で以上のように述べた。ここには、軍備を残す方向性を支持する彼の考え方が明確に表れている。これは、憲法問題調査委員会に提出した外務省条約局の意見と重なり、杉原の意向が反映されていることが見て取れる。しかし、この昭和20年12月の外務省意見を受けた後も委員会での軍削除論の勢いが下火になることはなかった。さらに議事録を見てみよう。

憲法問題調査委員会第八回調査会議事録　昭和二十一年一月四日（金）

第十一条及第十二条

（甲案）　削除

（乙案）　残置シ国務ニ包摂セシメ編制ハ法律タラシム

（甲案）ニ対シテハ改正憲法ヲ暫定憲法タラシメルモノニシテ且軍復興ノ時ニシバル規定ヲ欠クコトニナルト批判サレタ、（甲案）カラハ五十五条、九条、十条ヲ適用スレバ足ルト主張サレタガ、猶編制ノ法律化ノ点ガ欠ケルト指摘サレタ。

憲法問題調査委員会第九回調査会議事録　昭和二十一年一月五日（土）

第十三条

（甲案）ハ宣戦ヲ規定セズ従テ講和ヲ条約中ニ包摂セシメ条約ニ対スル議会ノ参与ヲ拡クシ政治的義務ヲ

生ズル条約ニモ其ノ協賛ヲ要スルモノタラシム。
（乙案）ハ宣戦講和ヲ残置ス……
宣戦ニ関シテハ削除残置両説存シ
削除説ハ世界最初ノ平和国家非武装国家タラントスル国家方針ヲ闡明セントスル理想主義的見地ヨリモツトモ主張セラレタガ
残置説ハ削除ハ改正憲法ヲ暫定的ナラシムルモノニシテ又軍設置ノ時ニ何等ノ拘束—議会ノ制約無カラシムル結果トナルト反駁シタ。

削除説が途切れることなく重なっていることが記録に残されている。ところが、以下の松本委員長案で削除説がなくなる。松本委員長は、年始の休暇中に作成した案を委員会で提案したのであるが、その中で1月7日に面会した天皇の同意を強調し、軍の残置を独断的に採用しようとしたのである。

憲法問題調査委員会第十回調査会議事録　昭和二十一年一月九日（水）
（三）松本委員長出席セラレ、次ノ様ニ話サレタ。
新年ノ休暇ヲ勉強シテ一応ノ成案ヲ纏メタ。本案ノ取扱ニ付テハ機密保持ニ十分注意シテ頂キタイ。本案ニ対スル各委員ノ忌憚無イ批判ヲ望ム。
一昨日　天皇陛下ヨリ突然御召ガアツタ。陛下ヨリ憲法改正問題ニ付種々御下問ガアリ、仍テ本調査委員会ノ構成並ニ其ノ運用及今日迄ノ成果ニ付テ奉答スルト共ニ、自分ノ案ヲ御説明申上ゲタ。陛下ニ於セラレテハ良ク御了解遊サレタ様ニ拝察シタ。二三御質問ガアツタガ孰レモ内容的ニ非常ニ良ク御理解遊サレタ御現レト思ツタ。

憲法改正私案（一月四日稿）　松本烝治

第十一条　天皇ハ軍ヲ統帥ス
軍ノ編制及常備兵額ハ法律ヲ以テ之ヲ定ム

第十一条　異議ナシ

憲法問題調査委員会第十五回調査会議事録　昭和二十一年一月二十六日（土）

五、削除説モアルノデアルガ、国家ノ将来ヲ考ヘレバ「軍」ノ存在ハ自然デアルト考ヘ甲案デハ存置スルコトトナツタ。

この前後の委員会の流れを佐藤達夫の記録から追っていこう。

佐藤によると「調査委員会発足の当初から論議のもっとも高潮したのは、軍に関する第11条・第12条などの存廃の問題であった」（佐藤 1964a：604）。

この時期、甲案として軍存置論があり、乙案は軍削除論があった。のちに法制局次長であった入江俊郎は述べている。「この乙案というのは、委員会の委員の多くは甲案の範囲では物足りないと考えまして、少なくとも乙案の範囲までに行くべきではないか、改正する以上、そのくらいのことはすべきであるという空気が強かったのでありますけれども、委員会としては調査研究が任務で、それがよいかというようなことは積極的にきめないという行き方であったため、甲案でなく乙案の方がよいという意見を正式に述べた委員がいたわけではありません。そして、この乙案というのは、大体において前年度中から調査委員会で論議されたところを織り込んだ案であります……」（佐藤 1964a：609）。

憲法問題調査委員会の審議が終わりに近づいたころ、並行して閣議での審議がはじめられた。これは、1月29日、30日、31日、2月1日および2月4日と5回開かれた。当時の閣僚の顔ぶれは次の通りである。幣原喜

重郎（総理兼第一復員・第二復員）吉田茂（皆無）三土忠造（内務）渋沢敬三（大蔵）岩田宙造（司法）安倍能成（文部）副島千八（農林）小笠原三九郎（商工）村上義一（運輸）芦田均（厚生）松本烝治（国務）小林一三（国務）。

1月30日の会議で、委員長であった松本は「憲法問題調査委員会では、軍に関する規定を全部削除せよ・との論があった。しかし、独立国なら軍隊はある」と述べた。それに対して、幣原は「軍の規定を憲法に置くと、連合国は必ずめんどうなことをいってくるにきまっている。将来、軍ができることを前提として憲法に規定を設けておくことは、今日としては問題になるのではないかと心配する」（佐藤 1964a：633）と反論している。

翌日31日の閣議でも幣原は「戦を宣し」という記述に関して、現実の戦闘行為をすれば憲法上は不法なものだということになるのではないかと発言している。さらに和を講ずるということは日本としてはこれからやることなのであるが、それは憲法上書いておく必要があるのではないかとも発言している（佐藤 1964a：635）。

佐藤は幣原の一連の発言に関して次のように述べている。

「閣議では、軍の規定を削る意見がかなり有力に主張されたらしい。……幣原がこの閣議において、憲法から軍の規定を削ることを再三主張していることは、その真意がどこにあったかは別として、現憲法第9条の発案者の問題に関連して興味をひくところである。」（佐藤 1964：634）

2月1日に突然毎日新聞の一面に「憲法改正・調査会の試案」という見出しでスクープされ、関係者は驚く。追って、ついに委員会は1946（昭和21）年2月8日、「軍削除」を叶えないまま、松本委員長のとりまとめでGHQに憲法改正要綱を提出した。

前節で見たように、幣原は要綱提出半月前の1月24日にマッカーサーと長時間の秘密対談を行い、憲法9条の芽となる思想をマッカーサーに提案していたのである。マッカーサーは戦争放棄と象徴天皇制の2つの実を新憲法の発想として受け取り心に刻むことになったのは、前節で示したとおりである。

5　押しつけ憲法論からの自由

■「戦力放棄」という幣原思想

本稿では、幣原喜重郎を憲法9条発案者と確認するだけでなく、憲法制定史研究の上でも忘れられてきた記憶を戦後処理の中の軍縮と恒久平和思想という国際的な枠組みの中に位置づけ直す作業を行った。マッカーサー証言に重ねて平野による幣原聞き取り文書から、憲法9条の思想、戦争と戦力永久放棄は幣原によりもたらされたことがわかる。加えて、憲法問題調査委員会議事録からは、議論の中で軍備を持たないという発想は、むしろ多数派の考え方であったことも明らかである。「押しつけられた」と言われる憲法であるが、その中核である9条は、日本で必然的に発案されたのであった。

日本国憲法は国際信義という思想を具体化した世界希少の法といえる。国際信義により国家の安全を保障する、という考えとは何か。日本国憲法の前文がその思想を表していると坂本義和はいう（坂本・安江 1991：39）。

「平和を愛する諸国民の公正と信義に信頼して、われらの安全と生存を保持しようと決意した。われらは、平和を維持し、専制と隷従、圧迫と偏狭を地上から永遠に除去しようと努めてゐる国際社会において、名誉ある地位を占めたいと思ふ。」

国際信義とは、世界の人々を信頼し、対話により国際社会を平和に向かわす思想ということになる。思想は制度をつくり、制度は思想に支えられて機能する。さらに「前文」にはこうも記されている。「政府の行為によって再び戦争の惨禍が起こることのないやうに」。

私たちが向き合わざるをえないのは、対話の前提としての戦力放棄をめぐる安全保障体制をいかに構築するか、である。そこで私たちが置き忘れてきた記憶、すなわち戦力放棄という幣原思想を記憶しておきたい。戦争放棄を現実の政治の中でどのように具体化していくのか、知恵を結集していくうえで、安全保障をめぐる議論のために「戦力放棄」という思想に学びたい。

■天皇制と9条というダブルスタンダード

最後に一点、幣原提案で指摘しなければならないのは、戦争放棄と同時に象徴天皇制を憲法の骨組みにしたこと、つまり天皇制利用の問題だ。この点について小熊英二は、憲法施行日を祝する「日の丸」の掲揚が許されたことを記し、「第9条は新時代のナショナリズムの基盤として『日の丸』と共存していた」と指摘する（小熊 2002：159）。その後、憲法をめぐる議論は、この新しいナショナリズムをめぐり対決してゆくこととなる。

つまり、戦後体制の中で、日本国憲法における象徴天皇制の問題は、多分に9条のおかげで不問にされ、ふたをされてきたという歴史的事実を指摘しなければならない。

憲法制定時、天皇は危機にさらされており、連合国内にもオーストラリアやソ連など天皇制存続への反対論があり、天皇は危機にさらされていた。いっぽうでマッカーサーは占領統治の円滑な遂行のために、天皇の存続とその利用を考えていた。これら反対論を封じるために考えられたのが、幣原提案の1条と9条のセットでの採用であったとも言える。天皇制は残すが、それは象徴であって政治的な権限は持たない。加えて、戦争を放棄し武装もしない。それゆえ、再び天皇の名により戦争を仕掛けることはない、と。

天皇制利用のために残された象徴天皇制は、戦後70年以上も国民の中に一定の思考停止を導き、人びとの主権を弱体化させてきた。今日の市民意識の中でも、このふたは残されたままである。

戦後、世界に向けての軍備の全廃や安保条約ではなく、憲法9条を護るということで国民の多くは緩やかに一致してきた。しかし憲法9条がアメリカ側からの「押しつけ」か、そうでないかという議論は、実はその基軸がナショナルか、そうでないかというものである。日本人という立場に立って、改正を叫んだり、9条を護ろうと議論するスタンス自体が問われている。憲法を歴史の過程から切断し、9条をひたすら護ろうとする構えだけでは、残念ながら、私たちは思考を投げがちで主権（意識）を獲得しきれないだろう。

戦時中のアジア諸国の賠償要求をアメリカが押さえ込み、日本は反共同盟国として育成された。これは日本の経済力再建に役立つ方向での解決であった。すなわち、戦後賠償を逃れ、高度経済成長を達成した戦後日本のアイデンティティの中に私たちは在る。そして今、改憲という時代の急激な流れに、私たちは翻弄されている。その混沌を解くためにこそ、時代の中で幾十にも重なり、ときに捨て置かれることになった「戦争放棄」という記憶の実相を摑むこと、また、未来のために「戦争永久放棄」という記憶の構築を捉え返し、これからの展開に臨む思想的構えが何より必要と思われる。

（1） 朝日新聞2015年5月3日。

（2）朝日新聞2015年5月1日。
（3）憲法調査会は、国会法改正により2000年1月20日に日本国憲法について広範かつ総合的な調査を行うため、衆参両議院に設置された。
（4）江藤淳編（1989）『占領史録3――憲法制定経過』講談社、51頁。
（5）外務省編（1966）『日本外交年表並主要文書　下巻』。
（6）高見勝利（2000）『宮澤俊義の憲法学史的研究』有斐閣、181頁。
（7）国立国会図書館「日本国憲法の誕生」「資料と解説」1-15　宮澤俊義「ポツダム宣言ニ基ク憲法、同付属法令改正要点」（外務省における講演）1945年9月28日〈http://www.ndl.go.jp/constitution/index.html〉（2016年1月9日アクセス）。
（8）前掲注（7）「資料と解説」、1-16　矢部貞治「憲法改正法案（中間報告）」1945年10月3日。
（9）国立国会図書館、帝国議会会議録検索システム〈http://teikokugikai-i.ndl.go.jp/〉。
（10）幣原喜重郎（1986）『外交五十年』中公公論社、217-218頁。
（11）前掲注（10）222頁。
（12）平野三郎「幣原先生から聴取した戦争放棄条項等の生まれた事情について」（1951年2月）国会図書館。
（13）国立国会図書館「日本国憲法の誕生」〈http://www.ndl.go.jp/constitution/index.html〉。
（14）幣原平和財団（1955）『幣原喜重郎』幣原平和財団、694頁。
（15）幣原喜重郎国務大臣、第90回貴族院帝国憲法改正案特別委員会、1946年9月13日（樋口陽一・大須賀明編〔1994〕『憲法の国会論議　日本国憲法資料集〈憲法論議編〉』三省堂）。
（16）『幣原喜重郎』幣原平和財団、695-697頁。
（17）村川一郎（1996）「幣原総理の平和論と『戦争の放棄』」月刊自由民主、515号。
（18）戸波江二（2005）「憲法9条の成立過程の思想と論理――高見報告へのコメント」早稲田大学比較法研究所編『日本法の国際的文脈――西欧・アジアとの連携』281頁。
（19）「宣戦及講和ノ条項ニ関シテハ軍ノ統帥（憲、十一条）及編成（憲、十二条）ノ条項トトモニ帝国ガ「ポツダム」宣言ニ遵ヒ一切ノ軍隊ノ武装解除ヲ行ヒ陸海分ヲ解消セル以上最早事実上不要トナリタルヲ以テ憲法ヨリ之ヲ削除スベシトノ見解一部ニ行ハレ居ル処「ポツダム」宣言ノ武装解除条項ハ同千元ノ謂フ如ク帝国ニ終戦ノ機会ヲ与ウルタメノ一条件ニ外ナラズ、之ヲ以テ帝国ガ将来堂宣言ノ全条件ヲ完全ニ履行シ民主主義国家トシテ更生セル暁ニ於テ、猶独立主権国トシテ当然保有シ得ベキ最小限ノ国土防衛軍ノ保有ヲモ禁絶セルモノト解スベカラズ」。（佐藤 １９６４ａ：４５７）

第2章　沖縄の米軍基地のリスク

記憶論議の政治利用と終わりなき戦争

グレン・D・フック

〔翻訳　ファン・デル・ドゥース 石川 瑠璃〕

1　はじめに

本章は、通称アメリカン・イーグルで知られる白頭鷲をあしらった合衆国の国章に象徴される沖縄の米軍基地にまつわる記憶論議の政治と沖縄の「終わりなき戦争」[1]について取り上げ、沖縄戦および県の米軍事故の記憶と、米軍基地の縮小を求める運動との密接な関係を調査・探求する。政府の政策立案者や安全保障の責任者らは、沖縄県内の米軍施設が日米同盟に不可欠であり、日本の安全保障の要であると考えている。アメリカ合衆国軍の前哨基地は、冷戦中のソ連や、昨今台頭してきた中国、核武装した北朝鮮などの仮想敵国に対する抑止論の一環として、重要な任務を負っているのだという。言い換えれば、沖縄の米軍は、日本が外敵の犠牲にならないように護り、安全を提供し、日本全体に共同財という恩恵をもたらす役割を担うものとされている（共同財としての安全保障については、Rothschild 1995：63-64 参照）。

しかし、日本国民全体に恩恵をもたらすとされる米軍基地は、その実、沖縄の県民の日常の安全をリスクに曝し続けている（Hook et al. 2015）。日本全土を見れば、米軍基地が圧倒的に沖縄に集中しており、アメリカ軍が独占使用する軍施設のおよそ4分の3は沖縄に配置されている（詳細については、沖縄県刊行の２０１３年版資料を参照）。他県が米軍基地受け入れを拒否する中、太平洋を挟んだ日米両国の政策立案者は、沖縄県に集中した米軍施設の配備の維持を最優先としている。

実際、２０１２年12月以来の安倍内閣は、在日米軍海兵隊の普天間飛行場（以下、普天間基地とする）を人口が密集する宜野湾から、人口密度の低い名護市の辺野古地区に移転させる計画に沖縄県の黙諾を得ようと尽力しており、それが通ればこの不均衡な状況は永続することになる。移転計画には、絶滅危惧種であるアオサンゴで知られる大浦湾、辺野古の沖合への施設の新設計画も含まれる（沖縄タイムス２０１４年8月7日; McCormack and Oka Norimatsu 2012）。

沖縄に対する基地の負荷軽減に係る日米政府間同意に関する１９９６年の特別行動委員会ＳＡＣＯ（Special Action Committee on Okinawa）を県民が支援しているのは事実だ（外務省１９９６）。しかし、それ以上に、県民の4分の3が、県外もしくは国外への基地移設を求め、普天間基地の県内移転に断固として反対している。たとえば、２０１４年5月の世論調査によると、投票者の74％が普天間基地の沖縄県内移転に反対している（琉球新報２０１４年5月15日）。同じように、県議会の45名を対象にした調査によれば、政治的なレベルでも、過半数を超える全体の58％、26名が普天間基地の辺野古移転の支援を拒んでいる（琉球新報２０１４年8月13日）。市長など地域の政治的指導者を対象とした調査では、53％が移転に反対している（沖縄タイムス２０１４年6月9日）。

宜野湾に比べて人口密度が低い辺野古では、日々の安全上のリスクがかなり低くなるとはいえ、宜野湾に留まろうと辺野古に移転しようと、普天間基地の沖縄存続自体の問題は解決されない。つまり、日本全体からすると米軍基地が沖縄に偏って集中的に配置されているという根本的な問題に、政府が対処しきれていない事実がある。沖縄の県民にとっては、米軍基地の存在と活動と運営には、窃盗や強姦事件、軍用機墜落や各種事故など、さまざまなリスクが常につきまとう。その実、事故や事件は何度も繰り返されてきた。県内での軍用機事故発生のリスクが、地元の人びとの中でもとくに、嘉手納空軍基地と普天間基地周辺の住民を常に脅かしている。実際、これら2つの航空基地を巡る過去の軍用機墜落を筆頭に、さまざまな事故・事件は、沖縄県内に米軍が駐留する事自体から派生している。鮮明な過去の記憶は地元民の日常的なリスクに対する恐怖を募らせている。

最も深刻な軍用機事故は、アメリカ軍占領時代の1945年から1972年の27年間に起きている。しかし、沖縄の占領時代の終結は、事故が二度と起きないことを約束するものではなかった（沖縄県2013a：104）。米軍は仮想敵国の攻撃から日本を護る役割をもつとする政府の政策立案者らや安全保障の責任者らとは異なり、沖縄住民の多くが、米軍という外国軍は1945年の沖縄戦当時のように県民の日常生活と安全を脅かすリスクそのものだとみなしている。

後により詳しく考察するが、一方では米軍駐屯の犠牲者であり、他方では国家の安全保障政策に基づく米軍基地の集中配置の犠牲である「二重の犠牲者」として沖縄県民を表象することは、もうひとつの面で二重の犠牲者である沖縄の記憶を想起させる。沖縄戦時代、アメリカと本土の双方から二重の犠牲を強いられた、沖縄県民の記憶だ。

沖縄の代償とは、沖縄本島へのアメリカ侵略と日本帝国軍の行動によって命を落とした多くの一般市民の犠牲である。今ではひめゆり平和祈念資料館などで語り部となっている元ひめゆり学徒隊（看護部隊）の生存者たちは、米軍と日本軍双方の犠牲となった体験を伝えている。（宮城1995）。沖縄における陸戦、米軍の継続的存在、そして沖縄の犠牲との相互関係は、県民の終わりなき戦争の象徴である。

米軍基地の存在が地元の生活環境の象徴となり、軍施設が「天国の島」の「青い海」と「白い砂浜」を楽しみに本土からやって来る旅行客たちの観光スポットの一つとなったこの時代に、戦後、米軍基地が担ってきた危険な役割の記憶と沖縄の戦争経験の記憶とを維持していく事は、沖縄県が平和へのコミットメントを謳いつつ地元のアイデンティティを養成する上で、大きな課題である（奥田2012：183-213）。たとえば、沖縄県八重山郡の中学生や高校生を対象にした2014年の調査結果では、沖縄戦に関する生徒たちの知識度が90％とかなり高く、若い世代に対する平和教育が戦争記憶の伝承と沖縄県民のアイデンティティの教化に効果的であることがわかった（八重山毎日新聞２０１４年6月22日、２０１４年6月25日）。

さて、記憶の論争に関する文献をみると、大半が公的（国の）記憶と草の根（大衆の）記憶の間で闘わされる議論（contestation）について探求したものだ。これについては後に述べるが、本章の目的は、沖縄でのさまざまな集合的記憶の事例を取り挙げて、記憶を司る国や地方など異なる次元の局面を浮き彫りにすることである。さらに言えば、沖縄戦に対する集合的記憶と、かたや沖縄県内の米軍事故とのつながり、かたや米軍施設削減を求める要求とのつながりを探求し、その過程で公的な記憶における国レベルと地方レベルの差異を明らかにしていくものである。

まず、米軍基地の存在から発生するリスクと損害の増大、そして沖縄県の犠牲者化と住民の日常的安全の問題とを結びつけながら、沖縄県内で起きた戦後の米軍軍用機事故が、沖縄戦と将来の事故発生のリスクにどう関係づけられているかに焦点を当てる。第2節では、集合的記憶と集合的記憶の論争とを検証し、沖縄の事例の説明とする。第3節では、とくに沖縄県平和祈念資料館と慰霊の日における沖縄戦の表象に関する議論に焦点を当てながら、沖縄戦が国や地元の集合的記憶にどう表象されてきたかを検証する。第4節では、１９５９年の宮森小学校Ｆ-１００戦闘機墜落事故の事例を扱い、事故がいかに強烈な沖縄の集合的記憶として残留してきたかを描写する。第5節では、アメリカ占領時代後の軍用機事故による損害のリスクが、２００４年の沖縄国際大学構内ＣＨ-53Ｄシースタリオン重量物輸送ヘリコプターの墜落事故と相まって、今日もなお存続していることを実証する。後者の事故では地元の死傷者は出なかったが、米軍施設の存在がもたらす継続的な日常リスクを世間に知らしめた。結びの部では、研究成果を纏めて沖縄における集合的記憶の意義を省察する。

2　集合的記憶と論争

本章で「集合的記憶」とは、国家やその他の非国家的行為体が、国レベルと地方レベル（ここでは沖縄県）の異なる次元空間において、いかに記憶を構成し、状況や背景に埋め込んで刻印し、伝播していく役割を果すかについて探求する。集合的記憶の研究とは、一般に国レベルでの集団がもつ記憶を表し、他に「公共（public）」とか、「公的（official）」（Olick 2003; Halbwachs 1980, 1992）という概念や、もしくは記憶の概念化をさらに詳しく定義した「大衆の（popular）」とか「草の根の（grassroots）」記憶（Cohen 2014）という概念も当てはめられる。前者は集合的記憶の概念から、国レベルで記憶を構成し、状況や背景に埋め込んで刻印し、伝播していく役割を国家に焦点を当てるが、後者は、草の根の論争を通じて大衆の記憶（popular memory）が国家の支持する公的な記憶（official memory）から分岐して展開していく可能性を示唆する。国家の支持する公的な記憶が草の根レベルの記憶論争によって信憑性を問われたり変更される場合もあり得る。つまり、政治的社会的な影響力を懸けて、公式でも非公式でも、集合的記憶は常に論議され、変遷していくものである。

記憶の交渉や構築という政治的な局面を鑑みると、たしかに、集合的な記憶というものは、内在的かつ恒常的に論議されるものであろう。しかしながら、国レベルと大衆レベルという2つの記憶のスケールに共通するものは、集合的であること（collectivity）と集合的アイデンティティ（collective identity）を結ぶ共通の記憶（Hirst and Mannier 2008）である。つまり、国レベルでも地方レベルでも、一連の関係者が社会的・政治的な慣例を用いながら、集合的なアイデンティティを形成する過程で、それぞれに記憶を構築し、状況や背景に埋め込んで刻印し、伝播し、それらが論争される過程で、いくつもの記憶が構築されていくのである。

日本の例を取ってみよう。戦後の日本では、国家が太平洋戦争における大日本帝国軍の戦争行為を過小評価したり、責任を曖昧にしたり、影の部分に言及するのを避けた歴史解釈を国の集合的記憶に埋め込もうとする試みについて、記憶の論争が展開されてきた。

その顕著な例は、国定教科書にみられるナショナリスト的な戦争解釈の容認だ。文部科学省が２００１年以降、新しい歴史教科書をつくる会の教科書を認定し、２００９年以降は、もう一つの国粋主義的グループである教科書改善の会の教科書を認定している（詳しくはCave 2013を参照）。国家認定を受けたこれらの教科書は、中国での日本国内の戦争解釈、帝国軍の「従軍慰安婦」と称される「性的奴隷」、そして韓国における日本の植民地主義の一般的な描写などに異議を唱えてきた（Rose 1998; Soh 2008; Cave 2013）。

日本国内では、戦争の記憶を塗り替えようとするナショナリズムへの抵抗が、国と草の根の間で、また国という集合体と沖縄など地方の集合体との間で繰り広げられてきた。日本の戦争犯罪や残虐行為を軽んじたり、それに十分な注意を向けようとしない公的なナラティブを崩すために、学者や市民団体、活動家などが戦争に関する知識情報を伝播する努力をしてきた。たとえば、日本の侵略の証言である口承の歴史を記録したり、従軍慰安婦がどのように採用されたかの証拠となる公文書を掘り起こしたり、一般に大衆の戦争記憶の中に日本の侵略戦争の被害者の記憶を盛込むことなどの絶え間ない努力がある。また、国粋主義的な教科書や政治家が支持する公的な戦争の記憶に対抗して、大衆自らの記憶を確立することにも貢献してきた（Szczepanska 2014）。同様の努力が、国際的なスケールで繰り広げられ、なかでも中国と韓国では、国家、メディア、草の根による抗議が、日本の侵略戦争の証拠を呈示する国内の政治勢力を補完し、補足してきた。

このように、日本と隣国の間に繰り広げられる戦争の記憶の交渉と解釈は、国内のアジア太平洋戦争の公的な解釈を制約しつつ、同時に新たな情報を提供し続けている。２０１４年の6月、中国政府が自国で発見された「慰安婦」に関する歴史的文書をユネスコ世界記憶遺産として登録申請した例のように、日本の戦争をめぐるナショナリスト的な見解に対する海外の抗議は、国際的レベルでも広がっている（People's Daily ２０１４年6月12日）。もう一つ、戦争の記憶の論争で注目されるのは、日本国首相の靖国神社参拝問題だ。靖国神社には戦争の記憶を美化する遊就館があり、１９７８年以降は、極東国際軍事裁判で有罪判決を受けた14名のA級戦犯が合祀されている（Breen 2008; Kingston 2010; 島田 ２０１４）。安倍晋三総理大臣の２０１３年靖国神社参拝は、想定どおり中国と韓国から抗議を受けただけでなく、想定外のアメリカ合衆国から「失望」というコメントを招いた（東京新聞 ２０１３年12月26日）。

このような海外の反応は、一方では靖国神社と新しい歴史教科書をつくる会などが促進する国粋主義的戦争の記憶と、もう一方では「失望」というコメントに象徴されるように東アジアに限らず国際的に共有されている戦争の記憶との間で繰り広げられる記憶の論争を浮き彫りにする（第3章第3節を参照）。国境を越えた記憶の論争は、いかにして歴史に関する紛争が異なる国の集合体の間で発生するかを考えさせる。

また、公的な記憶と大衆の記憶との分岐は、記憶の構築において国という集合体が支持する記憶と草の根の集合体が支持する記憶の両者間に見られる複雑な相互関係について注意を促している。

とくに、この沖縄の事例が国と地方という異なる集合体レベルで展開する政治的な論争という、これまで十分に探求されていない記憶の側面を照らし出している。たとえば、２０１３年4月28日を「主権回復・国際社会復帰の日」（主権回復の日）と定めた安倍内閣の決定は国という集合体と沖縄県という集合体の間に展開する論争の顕著な例である。国の視点からは、連合軍占領が正式に終結した１９５２年4月28日を主権回復の日として祝うわけだが、沖縄の視点に立つと、「屈辱の日」を強制的に祝わされることにほかならない。なぜなら、沖縄県にとってはその日にアメリカ軍占領が終結したわけではなく、その後１９７２年5月の沖縄復帰まで20

年間も継続的にアメリカの占領下に置かれていたからである（沖縄タイムス 2014年4月30日）。そのため、東京で開催された式典には、沖縄県知事ではなく、政治的な冷遇として副知事が参列した。また、県では式典反対の草の根デモも行われた（しんぶん赤旗 2013年4月29日）。この例が明白に示すように、記憶は公と大衆の間だけでなく、国と地方の間でも論争され、それぞれ異なるスケールの集合体が、異なる戦争と占領の記憶を構成し、状況や背景に埋め込んで刻印し、伝播していく。

ただし、沖縄における地方レベルの集合的記憶は、たとえば、沖縄本島と八重山諸島など周辺の各島とを比較した際にみられる多様な戦争経験・記憶など県内にも存在する記憶の地域差にまでは言及していない（謝花 2008；宮良 2008：163-184；八重山毎日新聞 2014年6月22日）。また、国と県のそれぞれの集合体の間に差違があるからといって、国レベルでは沖縄の戦争がまったく「記憶喪失」になっていることを意味するのでもない。

たとえば、2014年沖縄慰霊の日（6月23日の記念日）に関する東京新聞の記事は、「きょうは沖縄慰霊の日です。先の大戦では本土防衛の捨て石とされ、戦後も過重な米軍基地負担を強いられる。沖縄県民を犠牲にする変わらぬ構図です」と記して沖縄県の窮状にスポットを当てている（2014年6月23日）。実際、沖縄復帰以前にもすでに、戦争が沖縄県にもたらした被害について、大江健三郎を始めとする本土の文筆家らが「世界」など月刊誌上でも認識を広めてきた（大江 1970）。これは、戦争の記憶について、国レベルと地方レベルで簡単な境界線が引けるわけではないことを表している。つまり、戦争の記憶の解釈は非常に複雑で、実際のところ、本土の人びとの中にも、帝国軍の沖縄での行動に対して認識があり、その行動に対して批判的である。それにもかかわらず、沖縄県民に安全を提供するどころか安全を否定し、侵害し、妥協した帝国軍の役割については、現在も国内で論争の的になっている。「沖縄ノート」の著者である大江健三郎（1970）やその他の著者たち、また岩波書店という出版会社に対する2005年の裁判がその例だ。

沖縄戦の帝国軍指導者たちを代表して起訴した原告は、帝国軍が沖縄の県民らに「集団自決」を「強制」した、と書いた大江被告とその他の著者たちを訴えた。一審判決に続いて大阪高等裁判所も2011年、大江ら著者たちには、帝国軍が沖縄県民の集団自決に関与したとみなされる必要にして十分な根拠があったものとして、原告に不利な判決を下した（大江健三郎、岩波書店2011参照）。このように、地方レベルの集合的記憶に焦点を当てることで、公的か草の根かという境界を越えた、より幅の広い日本の記憶の論争に洞察の光を当てながら、多種多様な関係者がいかにして記憶を構成し、状況や背景に埋め込んで刻印し、伝播していく役割を担ってきたかについて、地方と国とそれぞれのレベルで比較ができる。

3　過去の論争、過去と現在のつながり

さて、国レベルと地方レベルでの記憶の論争を探求する一つのアプローチは、沖縄戦の事例を考察する事だろう。沖縄戦の記憶は、県レベルで考えると絶えず脳裏を離れず、過去と現在をつなぐものだが、国という集合体のレベルにおいてはそれほど顕著な存在ではない。そして、過去においては戦争の犠牲として、現在においては沖縄県の米軍基地の犠牲としての、2つの沖縄の記憶を結合させる役目を担っている。アジア太平洋戦争中、日本国内で唯一多数の市民を巻き添えにした陸戦の沖縄戦と、そのおびただしい死傷者と破壊を直に体験したのは、紛れも無く沖縄の県民たちである。今日その実数は知る由もないが、沖縄戦は10万人以上の沖縄県民の犠牲者を出し、「鉄と爆弾の台風」（Nakasone 1984: xi; Ota 1984）で命を落とした市民（非戦闘員）の数は軍人の数をしのいだ。

沖縄戦終結50周年を記念して糸満市摩文仁の平和祈念公園内に建立された平和の礎（へいわのいしじ）[2]は、毎年、県の慰霊の日に日本全国はもとより世界に向けて平和を象徴している。沖縄戦の戦没者名が、軍人も市民も国籍を問わず「永遠の平和への祈り」（平和祈念公園、1995年6月23日建立）として平和の礎に刻まれている。摩文仁は、日本軍の戦いの終盤で沖縄市民の多くが命を落とした場所である。24万1000人以上の戦没者名が刻まれた平和の礎のうち、数多くの人びとは、米軍の猛攻で亡くなったのだ。

しかし、ここで忘れてはならないのは、沖縄戦における市民の死が、敵軍だけでなく、大江の沖縄ノートやそれに続く著書にもあるように、時には県民を集団自決に追い込んだ日本帝国軍によっても引き起こされたという事実だ。また、日本軍の隠れ場所を漏らされる恐れから、もしくはアメリカ軍のスパイという疑いで殺された市民などもあった（林2009）。その他の県民は、帝国軍が隠れ場所として使用するため、塹壕や洞窟から追い出された（毎日新聞2014年6月22日）。

このような扱いを受けた沖縄の市民は、地方レベルにおける沖縄戦の記憶に、沖縄県を日本帝国軍とアメリカ軍の両方の犠牲として刻んだ。それは、国という集合体における公的な記憶と対照的である。国レベルにおける公的な戦争の記憶では、アメリカ軍の犠牲と言えば、沖縄戦よりも、広島と長崎への原子爆弾投下に集中されがちだ。多様なスケールの集合体における記憶の論争において、中核を成すのは政治である。つまり、沖縄県内でも、国レベルでの公的な記憶を支持する人びとが、沖縄県の集合的記憶に対抗し、それを浸食する役割を担って来たのだ。時が移り、沖縄県の人口に占める戦争を知らない世代が増加するにつれて、この問題は顕著になってきている。

そこで、地元の平和博物館などの各資料館は、その展示物を介して生徒も成人も戦争の解釈にふれながら県レベルの沖縄戦の記憶を形成する手段としての意義を増してきた。たとえば、沖縄県知事大田昌秀の任期中に新設された沖縄県立平和祈念資料館での沖縄戦の表現の仕方について、県民の意見が大きく分かれた。資料館の開館準備は、1998年12月になされた。ちょうど大田元知事が沖縄知事選選挙活動中のことだった。しかし、大田氏は三選を果せず、保守系の稲嶺惠一が勝利した事から、資料館の展示物が新たな論争の的となった。沖縄戦の表象の仕方が論争の主題であった。それは、稲嶺政権と祈念資料館の展示委員会との間の意見の温度差から生まれたもので、委員会は、国の公的な沖縄戦の記憶よりも県民の集合的記憶を表象しようとしたが、保守系の選挙勝利が、沖縄県の記憶政治に重大な影響を及ぼしている。新しい祈念資料館は、県民の記憶を表象するのだろうか。それとも公的な記憶を選ぶのだろうか。

新知事が着任するやいなや、大きく異なる2つの記憶の間に論争が発生した。それは、展示委員会の強い反対にもかかわらず、稲嶺知事が沖縄戦、もしくはより広義な戦争と県内の米軍の存在について祈念資料館に展示することに反対し、いくつもの変更を求めたことから始まった。論争には、たとえば敵・味方や戦闘員と非戦闘員の分け隔てなく、両者とも戦争の犠牲者とし、すべての名前を平和の礎に刻むこと、県民に与えた影響も含む沖縄戦における帝国軍の役割について考えること、米軍基地の存在がもたらす影響などを含めた戦後の県内における米軍の存在をどう表現するかについての変更が含まれる（Yonetani 2000, 2001）。

資料館の展示の中でも、とくに沖縄戦に関するジオラマが論議の的となっている。元々、ジオラマは、帝国軍が子どもを抱えた母親に銃を向けている場面を表していた。子どもの鳴き声で敵の米軍に見つかるのを恐れて帝国軍人が銃を味方にも向けた可能性を具現化したものだ。後に琉球新報が立ち上げた口承歴史プロジェクトでは、母と共に洞窟に隠れたという、ジオラマと似た様な経験について、当時子どもだった人が証言している。親は幼い子どもを抱えていたが、その子が泣き出した。すると、日本帝国軍人が、「こっちから出ないと鉄砲でやるよ」と脅したのだった（琉球新報記録 2011年9月10日）。

新知事選挙後、ジオラマは大きく変更され、帝国軍がまるで母親を敵から守るためにライフルを構えているように見える形の展示になった。このように、国と地方それぞれの集合体の間だけでなく、沖縄県内でも記憶の政治が闘わされており、県民の記憶の表象を強調した大田政権に比べて、稲嶺政権は国による戦争の公的な表象を支持するものだと言えよう。つまり、大田政権に取って替わった新たな保守系の県政により、沖縄戦下の帝国軍の役割について資料館での展示方法が大きく変えられた。そこでは国対地方レベル、ならびに公的対草の根的な記憶がどのように論議されているのか、より深く探究することが重要である。記憶の政治における沖縄県平和祈念資料館の役割に加えて、1945年6月23日沖縄戦終結の日に毎年行われる沖縄全戦没者追悼式(3)を通じ、沖縄戦自体も県の集合的記憶の一部となった。最初の追悼式は、まだアメリカの占領下にあった1952年に開催された。以来、慰霊の日は県の祝日に制定され、追悼式典が催され、正午に1分間の黙祷が捧げられている。1972年の沖縄返還によって、祈念日が国の法律の下では休日ではなくなったが、今でも6月23日の行事が県では守られている。さらに、1991年の地方自治法改正で、県条例の公布により6月23日が休日に復帰した。

この日、沖縄県内の役所や学校など公共施設は休業する。追悼式の目的は戦争を忘れぬ様にし、永遠の平和を誓うことだが、時としてそれが県の記憶の政治に重要な役割を担うことにもなる。県の政策立案者や地元の政治家らが、いかにして戦争の記憶と米軍基地の存在や県内における米軍基地の役割とを関連づけ、また、アメリカの軍事力の前哨基地が沖縄の一般人の日々の安全に与えるリスクとも関係づけているかを見れば、政治における記憶の重要性が明白である。

たとえば2013年の式典において、仲井眞弘多県知事は、2010年11月の選挙当選以来、過去2年間同様に、毎年の「平和宣言」で安倍内閣に「一日も早い普天間飛行場の県外移設」を求めた(東京新聞2013

年6月19日)。翌年の2014年6月、沖縄慰霊の日には、同知事が再度この要請を平和宣言に盛込み、さらに付け加えて、「普天間飛行場の5年以内の運用停止を求めている」(毎日新聞 2014年6月23日)とした。

それに先駆け、噂が広まった。知事は過去3回の平和宣言で普天間基地の沖縄県外への移転を要求したが、次は基地移転についてふれないであろうというものである。2013年年末に、辺野古海岸沖に普天間基地の新基地への移転準備として埋め立てを許可したことに続いて、5年以内の基地運用停止を要請した(沖縄タイムス 2012年12月28日)。その時、知事は埋め立ての許可はしたが、普天間基地を県外に移転する方策の方が良いと考えていると宣言し、「理屈にならない理屈というしかない」と沖縄タイムスに評された(2014年6月11日)。いずれにせよ、県外に基地を移転させよと前年と同じ声明を唱えることによって、投票者を失わないよう、2014年11月の知事選挙に備えたのである。しかし、遂に再選はならなかった。

また、その他の発言者も沖縄慰霊の日の追悼式を利用して現行の米軍基地問題を改善するという政治的目標を達成しようとした。2013年の式典では、県議会議長喜納昌春が、沖縄戦の記憶を米軍基地と関係づけて、県民が「我慢の限界」に来ているとし、普天間基地の県外移転を求めた(琉球新報 2013年6月24日)。さらに、2014年6月の追悼式では、喜納が米軍基地の問題を取り上げて「オスプレイの強行配備など幾度となく県民の民意は踏みにじられ、政府への不信と怒りは限界にきている」ことを示すものだと強調した(琉球新報 2014年6月23日)。それに加え、沖縄県遺族連合会の照屋苗子会長が、2013年の式典に参列し、遺族を代表してMV-22オスプレイの(4)配備を「遺族として断じて容認できない」(琉球新報 2013年6月24日)と述べ、続いて2014年には、普天間基地の「早急な閉鎖・撤去」を要求した(琉球新報 2014年6月24日)。

2013年と2014年の式典の事例のように、このような宣言やスピーチは現職総理大臣の眼前でしばしば行われ、沖縄の記憶政治の一部であることを裏付けている。1990年の式典に総理大臣として初めて参列したのは、海部俊樹だった。その後、２０１４年までに10名の異なる総理大臣が追悼式に参列している(5)。現職総理大臣の安倍晋三は、２００７年の第一次安倍内閣の際と２０１３年、２０１４年に出席した。２０１３年には、初めて外務大臣と防衛大臣も参列した。これら大臣は２０１４年にも安倍首相と共に追悼式に参列している。これらは、沖縄の現状の問題と地元の政治的なアジェンダを総理大臣他官公庁代表の前で述べるために、慰霊の日のスピーチの際に、地元の戦争記憶を政治的な資源として利用できることを意味している。

言い換えれば、沖縄戦と県民が県内に密集する米軍基地のために被ってきた被害とを関係づけるスピーチが戦争の記憶を刻み、伝播し、そうして、過去と現在の沖縄県における犠牲のリンクが明瞭にされていくわけだ。２０１３年のスピーチで安倍総理大臣は米軍基地の問題についてふれなかったが、追悼式後の記者会見では、いかに米軍基地の集中が沖縄県民の負担になっているかを強調した。そして、「基地問題では負担軽減を進めていく姿勢を強調したが、具体策には触れず」という態度であった（琉球新報２０１３年6月24日）。２０１４年の挨拶でも同様に、沖縄の基地による負担を軽減する努力をしたいと、述べたが、具体策はなかった（毎日新聞２０１４年6月23日）。

しかし、沖縄県は、このような首相のスピーチの裏にある動機が政治的で、実は普天間基地を辺野古に移転させるために首相が県民の同意を得ようとしているに過ぎないとみている。戦争で両親を失ったある県民が２０１３年の沖縄タイムスに本土から大臣などが来るのは「普天間やオスプレイがあるから」というように、国家代表の追悼式参列の真意が問われた（２０１３年6月24日）。また、２０１５年の追悼式では、挨拶に立った安倍首相に対して「帰れ！」、「なにしにきた！」と出席者から声が上がった（しんぶん赤旗２０１５年6月24日）。

沖縄の負担を軽減するという総理大臣の約束は、政党を問わず珍しくない。実際、日本民主党の総理大臣野田佳彦が２０１２年のスピーチで「現在も沖縄に米軍基地が集中し、県民の皆様に長年にわたり多大な御負担をおかけしている事実は、慙愧に堪えません。基地負担の早期軽減に全力を尽くし、具体的に目に見える形で進展させることを改めてお誓いします。」（首相官邸 2012）と述べている。これらのコミットメントにもかかわらず、沖縄における米軍基地の運営による負荷は以前と変らず、記憶政治において今でも、戦争の記憶がもつ役割が消えていないことを表しており、県の指導者や関係者が県内の状況改善のために、沖縄戦と県内における米軍の存在の関係を強調している。

4 宮森小学校での墜落

沖縄県の米軍基地の存在によって県民の日々の日常安全に投げかける現在のリスクと戦争の過去を関係づけるもう一つのやり方がある。県や、それよりもっと広域なレベルで、米軍基地の活動に由来する軍事事故の記憶を構築し、刻印し、伝播することだ。本土の政治指導者にとって、米軍施設の配置・移転問題は、抑止論という抽象的な観念を支えるため重要だ。しかし、沖縄県民にとってはそれだけでは済まされない。

米軍ジェット機が1959年、宮森小学校に墜落した事故をみれば明らかなように、基地の存在と運営そのものが、県民の日常安全に対するリスクなのである。この事例は、沖縄の被害が米軍基地の配置のみならず、県内から米軍施設を除去する要求にも関係づけられていることを示しており、事故の2日後、式典で校長が述べた弔辞にも相互関係が明白に表れている。

校長曰く、「これは一体どうしたということでしょう。これでよいのか　戦争がすんで十五年もなるというのに基地の島に住むわれわれ民族の大きな悲劇と思うのです」（琉球新報 1959年7月2日）。宮森小学校の米軍機墜落事故は、アメリカの占領下で起きた事故だが、返還後も県民の集合的記憶として生き続け、2007

年の沖縄県内の調査が裏付けるように、沖縄の歴史で7つ目に重要な事件とされている（回答者は、最重要な事件を3つ選択）（琉球新報 2007：36）。

その事故は1959年の6月30日に起きた。米軍の嘉手納空軍基地を飛び立ったF-100戦闘機が市川（現在は浦間）市の第六区に墜落後、地上を暴走して向かいの宮森（現在は浦間）小学校に突っ込み炎上した。エンジンの爆発に続いてパイロットは飛行機を脱出していた。当初の報道では、パイロットが墜落前に弾頭を海上投棄したということだったが、米軍の資料に基づいたその後の報道によると、爆弾4発が積載されたまま墜落していた（琉球新報 1999年6月30日）。

死者17名を出し、うち11名は小学校の生徒で6名は住民、210名の怪我人のうち、150名が児童たちで住民は50名以上にのぼった。死者のうち5名は、沖縄戦を生き延びた人びとだった。その他は戦後世代だ。民家27棟、公民館1棟、3教室が全焼した。民家8棟と2教室は半焼し、幼稚園1校も破損がひどく使い物にならなくなった。事故後の調べで、機材管理の人的過誤だとわかった。それを受けて事故で長女を失った母親が、「整備不良のジェット機を飛ばしたとはとんでもない。沖縄の人を人とも思っていなかったのだろう」と語った（琉球新報 1999年6月30日）。

事故の記憶は、遺族や当時のクラスメート、学校卒業生、その他の人びとによって構築され、刻印され、伝播されてきた。まず、1965年の6月、追悼式の際に、犠牲となった児童らを慰霊する「仲良し地蔵」を表した銅板が、校内中庭に設置された（画像は、命と平和の語り部石川・宮森630会編2011年5頁参照）。仲良し地蔵は、東京都の僧侶である佐藤日建氏の依頼により、小説家・画家の武者小路実篤が描いた原画を元に創られたものだ。こうして、墜落事故の記憶が、仲良し地蔵の銅板と毎年6月30日に学校で行われる追悼式によって、生徒たちの心に刻まれていった。

県の政治家たちも児童や教職員、その他の人びとに混じって追悼式に参列する。2012年には、うるま市長が事故の記憶と現在の沖縄米軍基地に関する懸念とを関係づけて、県内のオスプレイ配置に抗議した（琉球新報2012年7月1日）。同時に、地元の指導者らや卒業生その他の人びとが、事故の記憶を県内だけでなく日本各地に広めていこうとしている。たとえば、墜落事故から51年目の2010年8月に東京都文京区シビックホールで、宜野湾市長が事故の悲劇を語った。その機会に、沖縄県の児童や卒業生や若者が、「フクギの雫」という劇を上演した。地元で創られたこの劇は、その後東京でも上演されている。同様に、さらに広域で事故の記憶を伝播する活動も生まれた。たとえば、沖縄返還から40年目の2012年には、事故をもとにした「ひまわり～沖縄は忘れないあの日の空を」という映画が制作され、2013年に放映された。映画はドキュメンタリーではなく、フィクションの人間ドラマだが、物語は1959年の宮森小学校米軍戦闘機墜落事故と2004年のアメリカ軍海兵隊普天間基地所属の大型輸送ヘリコプターCH-53D通称シースタリオンが沖縄国際大学に墜落した事件（以下に記載）を関連づけ、米軍基地の存在による現在のリスクについて強調している。このようにして、占領下と返還後、両方の時代に起きた米軍事故を関連づけることで、米軍基地の存在による沖縄の継続的な被害と米軍基地の集中的配置による日常安全への現在のリスクとの関係を浮き彫りにしている。

事故当時に宮森小学校の生徒だった卒業生を校長に迎えて、2009年の50周年追悼式では、記憶の刻印と伝播に関与した人びとの役割をさらに拡大する機会がもたれた。たとえば宿題や玩具、肖像や事故にまつわる画像など事故で亡くなった人びとの遺品を収集するのもその一つで、これらを事故の悲劇を伝える資料館の常設展に納めるのが目的である（琉球新法2009年6月30日）。宮森小学校の事故記憶の保存の手段として物品を展示するというのだ。こうした地元の努力は、非利益団体（NPO）である石川・宮森630会（命と平和の語り部2009）創立によってその年具体化した。基金を集めて事故の記憶を刻むため、常設資料展示場として「石川・宮森630館」を建設すべく、校長のもとに事故を生き残った当時の生徒たちや教職員たち、また遺族や関係者たちが集まった。

同グループの記憶伝播のための活動として、2009年の写真による事故記録の移動展が宜野湾市役所で開催された際には、当時の伊波洋一市長が、宮森小学校の墜落事故の記憶を、現状で県内の事故のリスクと関連づけて、「50年経った今でも米軍機墜落事故はどこでも起こりうる。630館の移動展は沖縄の現状を見つめ直す良いきっかけになるだろう」とあいさつした（宜野湾市報2009：9）。その後2012年の展示では、松川正則宜野湾市副市長が、宮森小学校の事故、沖縄国際大学の事故、県内でのオスプレイ配備、そして米軍基地にまつわる継続的な紛争とを相互に関連づけて、こう述べている。「市は沖国大の米軍ヘリ墜落を最後の警告と受け止め、普天間の早期閉鎖返還や、オスプレイの配備撤回に取り組んでいる。配備反対を発信する場を設けていただいたことに感謝したい」（宜野湾市報2012：9）。墜落事故にまつわる遺品や画像などの収集や悲劇の写真展を開催する傍ら、宮森630会は、当時学校に居た人びとから記憶を聞き取り、伝播していく口承の歴史プロジェクトを発足した。遺族や教職員、クラスメートなどによる事故の直接体験の証言を3冊にまとめた（命と平和の語り部2010、2011、2011a）。

記憶が教えてくれるのは、県民、とくに児童の親たちと米軍とが一緒に事故に対応したということだ。当時の教員たちの一人は、その日についてこう語る。「……クラスの子をひとりひとり確認し、避難ができたのか、誰がどの病院に運ばれたのか、チェックしてきました。そのうち、手があがらなくなってきました。飛んできた窓枠が左肩にぶつかったようでした。アメリカさんが私のケガに気づいて、救急車で軍の病院に運びました。」（比嘉、年記載なし。および、命と平和の語り部2010：16-17）。生き残った別の教員は、事故の記憶を沖縄の現状に関連づけてこう語る。「いくら賠償の金を積まれても、いくらお詫びを言われても、遺族の気持ちは変わらないと思います。今沖縄に基地がある限り、絶対の安全ということはありません。私たちは、そういう悲しみを二度と味わないために、平和な島にして欲しいと思います」（新里 1997：命と平和の語り部 2010：20-21）。

5 沖縄国際大学での墜落事故

米軍戦闘機の小学校への墜落事故は、米軍占領下、返還後を通して最も深刻な事故だが、1972年の返還後にもまた、米軍による事故が起きている。2004年の普天間海兵隊のCH-53Dヘリコプター、通称シースタリオンが宜野湾市の沖縄国際大学本館に接触し墜落した事故の例にもあるように、それぞれの重大事故の記憶が構築、刻印、伝播されてきたのである。

沖縄国際大学の事故は、大学と普天間基地を隔てる金網フェンスから数百mの地点で軍事訓練中のパイロットがシースタリオンの操縦を誤ったために発生した。ヘリコプターの6枚のブレードの1枚がローターから切断され、大学本館のビルに激突した後、数百m離れた大学構外の路上に落ちた。他のブレードは、ビルと地面に接触してCH-53Dは炎上し、10mの黒煙が立ち上った。本館ビルのコンクリートやヘリコプターの破片が大学構内外のかなり遠くへ飛散した。夏休み中ではあったが、700名以上の学生や事務職員と教職員スタッフが大学構内にいた。事故の瞬間、たまたま本館の柱の陰にいて死傷を免れた人もあった。住居区も近く、キャンパス横の路上には歩行者や車両の姿もあった。

学長は、事故直後の米連邦議会の海外基地見直し委員会で、事故が大学と地元のコミュニティにとって何を意味するものかについて、文脈に当てはめて説明した。「ヘリコプターが大学本館ビルに接触し、回転翼が壁面を直撃しておびただしい数のコンクリート破片が大学構外にも何百メートルに渡って四方に散乱した。死亡事故にならなかったのは奇跡である」（沖縄国際大学、原文は英語で日時記載なし）。

アメリカ占領下の宮森小学校墜落事故と復帰後の国際大学ヘリ墜落事故との違いの主なポイントは、とくに米軍機にひきおこされるリスクが実際に損害となった時、対応する県の職員などの役割が日米地位協定でどう制約されるかということだ（この駐留米軍地位に関する協定は、復帰後に沖縄に適用されている）（Hook et al. 2015; Honma et al. 2001; 本間 1996）。もちろん、宮森小学校の事例で、「アメリカさん」が自分を軍の病院に連れていってくれたという比嘉氏の回想もあるように、アメリカ人は先の事故当時の記憶に出てくる。しかし、国際大学での事故の記憶が、県レベルでどのように構築、刻印、伝播されていったプロセスをみると、事故後の米軍役割が記憶に鮮明であることが特筆される。海兵隊は、事故後何日も大学を立ち入り禁止にした。大学職員や学生、見物人のみならず、警察や地方当局に至るまで、大学構内から閉め出され、事故を調査することも許されなかった。そして、事故の原因が日本側に開示されないまま、米軍はシースタリオンの飛行を再開した。当時のアメリカの行動は、どのように沖縄が米軍の犠牲者として苦しみ続けているかを表象する新たな県の記憶として構築、刻印、伝播された（黒澤 2005）。一口に言えば、事故の記憶において、沖縄県は今でもアメリカの占領下として表象されている。

国際大学ヘリ墜落事故から5年目の2009年は、宮森小学校の米軍機墜落事故から50周年でもあった。そこで、2つの事故の記憶を結びつけて、沖縄の継続的な米軍基地の存在に抗議するナラティブが生れた。二重の追悼は、教職員や学生たちによる大学の墜落事故の記憶保存に向けた努力の大きな後押しとなった（石川ゼミ 2010 ; 黒澤 2005 : 164-267）。沖縄県全体にとってこの事故は、人口密集地に設けられた基地のリスクを裏付けるものだった。普天間基地の密集地から他所への移設を求める理由をより明確にし、ヘリ墜落事故の前年に沖縄を訪れて、普天間基地を「世界で最も危険な基地」と称した当時のアメリカ合衆国国防長官ドナルド・ラムズフェルドの言葉を奇しくも確認することになった（琉球新報２０１３年8月13日）。

県の指導者らは、日米特別行動委員会（ＳＡＣＯ）合意の実施と「世界で最も危険な基地」の移転が遅々として進まないことに懸念を示した。たとえば、宜野湾市長佐喜眞淳は、大学の墜落事故の記憶とＳＡＣＯ合意の普天間基地閉鎖と返還の実施に進展がないことを関連づけている（宜野湾市２０１３）。このようにして、県の指導者や活動家は事故の記憶を米軍基地反対運動に活用している。しかし、何年もかけて仕掛けた反対運動は（Tanji 2006; McCormack and Oka Norimatsu 2012）、現代の基地の問題に対するリアクションに留まるものではない。これらは、宮森小学校や沖縄国際大学の墜落事故、１９９５年の米兵による12歳少女暴行事件に代表される米軍関係者が起こした凶悪犯罪など過去の記憶によって育まれてきた政治的抵抗である（Angst 2003; Okuda 2012：241-274）。教職員も学生たちも一丸となって目的を達成する為に、事故を忘れないために、そしてそれを心に刻んで記憶を広めていくために、墜落の証拠を保存しようとしている。

たとえば、学生、教職員、その他関係者らは、墜落した米軍ヘリコプターの黒煙で焼かれた本館の「黒い壁」を保存するためにさまざまな活動を起こしている。学生たちは署名キャンペーンを展開し、５０００名の署名を大学内外から集め、壁を保存するよう大学執行部に圧力をかけた。署名は、記憶を「風化させないために」壁を現状のまま保存する要請と共に大学学長に委ねられた（しんぶん赤旗２００４年10月8日）。壁は墜落事故の具体的な表象となり、また宜野湾上空を飛び交う軍用機やヘリコプターがもたらす日常リスクの象徴となった。これらの感情は、10ヶ月もカーテンを閉めたまま事故現場を臨む隣家に暮した住人にとっても、墜落事故の記憶の一部となった（琉球新報２００５年8月11日）。しかし、結局のところ、事故現場の改修維持にかかる費用と大学敷地の狭さから、大学執行部はビルの撤去と本館の新設を決定し、墜落事故を忘れないために

「黒い壁」の保存に代行して記念碑を建立した。また、教職員や学生は、事故の記憶を構築し、刻印し、伝播するための展示やシンポジウム、また、記念イベントなどを行って来ている。たとえば、２００７年には、学生たちの主催で「NO FLY ZONE（飛行停止）コンサート」と共に写真展が開かれた（琉球新報２００７年8月8日）。次世代に記憶を伝えていくため、児童らも展示に招かれた。

墜落事故から10年目の２０１４年には、沖縄法政研究所の教職員たちが沖縄のアイデンティティをテーマに、講義とシンポジウムを開催した（沖縄法政研究所２０１４）。事故から10周年目の8月記念日には、大学が「普天間基地から沖縄を考える集い」を開き、学長は基地の即時閉鎖を強く要求する声明を出した（日本経済新聞２０１４年8月14日）。また、事故当時、学生だったある母親は、息子と一緒に参加して、未来の世代に事故の現実を伝えていきたいと改めて思った、と語った（日本経済新聞２０１４年8月14日）。最後に、記憶の刻印と伝播におけるアートの役割を認識し、沖縄県のアーティストが沖縄国際大学の墜落事故にインスピレーションを受けた作品を、「事故の記憶が消えて欲しくないから」、そして「米軍基地が沖縄にいて欲しくないから」披露している（沖縄タイムス２０１４年8月13日）。

6　おわりに

以上のように、沖縄において論議される記憶を考察することは、記憶がどのようにして国家レベルと県レベルの集合体において分岐し展開していくかを浮き彫りにすることにより、現存の文献に貢献した。また、沖縄の「公的な」記憶が大衆的な記憶と圧倒的に相同性をもつことも理解できる。

もちろん、県平和祈念資料館でどう沖縄戦を展示するかについて、公式な記憶を促進するために稲嶺政権が介入した例のように、沖縄における保守と革新勢力の間では今も記憶の論議が続いている。

しかし、革新勢力も保守勢力の多くも県レベルでは、沖縄の米軍基地を縮小もしくは撤退させるという同一の目的を共有している。沖縄戦の経験と米軍基地の存在によってもたらされる日常安全へのリスクとが、多種多様な利害関係者の動機となり、戦争記憶のみならず宮森小学校と沖縄国際大学に関する記憶を構築、刻印、そして伝播させる活動が繰り広げられてきた。

これら本土と沖縄県の各スケールにおける集合的記憶は、ただ単に2つの異なる記憶が構築、刻印、伝播されてきたことを示すだけではない。両者間で交渉され論議される記憶が互いに作用することも表している。その相互作用のプロセスこそが、県平和祈念資料館の展示で、ライフルを持って立つ帝国軍人のジオラマに変更が加えられた例にもみられるように、「記憶の場」の変化につながっていく。

沖縄慰霊の日は、戦争で亡くなった人びとを偲ぶ機会であり、追悼という機能をもち、その意義は、米軍基地による継続的なリスクへの懸念によって補足・補充されていく。

これを明らかに示すのが、いかに県の政治的指導者や関係者らが、自分たちのスピーチで沖縄戦を回顧し、沖縄県の米軍基地の問題に結びつけているか、である。

戦争の記憶は、県の指導者らに、首相を含む国家の指導者らの面前で、戦争を米軍基地と結びつけて抗議するためのリソースを与えている。しかしながら、過去の記憶と現行の米軍基地を連結させることは、県の指導者や活動家の大半が掲げる米軍基地の県外移設や閉鎖という目標の達成にはまだ至っていない。なおかつ、追悼活動は、日本と合衆国との二重の犠牲者という感覚のもとに築き上げられた沖縄アイデンティティの維持において必須だ。

「犠牲者」という沖縄のアイデンティティは、県内の米軍基地にまつわる事件や事故によって強化される。

たとえば、宮森小学校での追悼活動が強調するのは、死者を伴う軍事事故の悲劇の結果だ。遺族、生き残ったクラスメートたち、関係者たちの努力が、事故の記憶を構築し、刻印し、伝播してきている。そして今それを資料館という形で残そうとしている。その目的が達成されようとされまいと、私たちは、宮森小学校の軍事事故の記憶を維持しようとする彼らの行動が、国の集合的な記憶とは別の記憶を育むのに貢献しているという事実から目をそらしてはいけない。

その間、沖縄国際大学へのシースタリオン墜落事故の事例では、事件を記憶に刻印するため「黒い壁」をシンボルとする努力があった。その中心となったのは、学生・教職員たちである。事故の記憶の維持に関する大学中央執行部の考えは異なり、遂に壁を壊す決定がなされたが、記憶のためのモニュメントで代行する折衷案は、事故の記憶自体が論議されたのではなく、あくまでも実際的問題で、大学校内の敷地が手狭だということと、保存に費やす財政上の問題であったようである。大学はコミュニティとして実に、事故を沖縄国際大学と沖縄自体の記憶として、深く心に留めることと、それを広めていくことの重要性を認識している。つまり、黒い壁の維持をめぐって対立した二者間の違いは、目的・意図ではなく、記憶保存の手段だった。

上記のように、沖縄戦のさまざまな記憶と2つの深刻な軍事事故が、いかにして日本・合衆国両者の犠牲者としての県民のアイデンティティを育む要因となってきたかを示唆する。沖縄と本土を画するものの記憶を構築し、刻印し、伝播する努力は、沖縄で繰り広げられた陸戦であれ、米軍基地の集中的配置とそれが引き起こした2つの墜落事故や将来の事故のリスクであれ、このような沖縄のアイデンティティの育成に関与してきたのである。

社会政治的な背景は時を経て変遷するが、継続的な米軍施設配備が、将来の事故の可能性として常に沖縄のリスクを警告している。このように、米軍基地の県外移設のための沖縄県の闘いは、日本全土の視点からみた米軍基地の不均衡な沖縄集中配置の問題を取り上げるのみでなく、日本とアメリカ合衆国双方による沖縄県の不公平な扱いに対抗するものだ。言葉を変えれば、基地反対抗議の中核は、終わりなき戦争に終止符を打つための闘いである。

（1）「終わりなき戦争」という表現は、反戦地主会長、照屋秀伝との2007年インタビューから得たもの。米軍基地が沖縄の土地を占拠していることは、戦争が終結していないことを象徴している（Hook 2010）。
（2）平和の礎には、今でも戦没者名が追加されている。2014年には54名が追加され、24万1281名となった（琉球新報2014年6月24日）。
（3）〈http://www.pref.okinawa.jp/site/kodomo/heiwadanjo/engo/event/zensenbotushatoushiki.html〉参照。
（4）MV-22オスプレイ傾斜式回転翼は、海兵隊普天間基地に2012年10月と2013年9月に配備され、とくにオスプレイの安全面での実績が低いことから、沖縄県で抗議デモが相次いでいる。
（5）1990年から2010年の首相スピーチは、沖縄タイムス参照。

第3章　東京からハーグへ、戦犯法廷と戦争記憶の政治

ケアスティン・ルクナー
〔翻訳　ファン・デル・ドゥース　石川　瑠璃〕

1 はじめに

歴史的問題は、日本のアジア隣国との外交関係においても、国内の政界でも、重大な位置を占めている。そのよい例が、国会議員の靖国神社参拝、元性奴隷（慰安婦）に対する賠償金（非）問題、そして日本帝国の犯罪行為を過小評価した教科書の記述などだ。最近では、現首相安倍晋三が、第二次大戦中の日本の武力干渉が侵略に値するかを疑問視した例も記憶に新しい。北京やソウルで怒りを煽った他、自国の国会でも批判され（Hyun-ki and Kim 2013）、過去の戦争に関する論争において、いかに日本の政治家同士の意見に齟齬が多いかを物語っている（Hein 2010: 151-153; Kristof 1995; Sakaki 2012）。

このような文脈を踏まえて、日本が国際刑事裁判所（ＩＣＣ）に加盟したことを考察するのは興味深い。ＩＣＣは、戦争犯罪、集団殺害犯罪、人道に対する犯罪、そして侵略犯罪という国際犯罪の訴追のため、ニュルンベルグ裁判や極東国際軍事裁判を継承するものとみなされているからだ。これには、明白な3つの特性がある。まず、極東国際軍事裁判（ＩＭＴＦＥもしくは東京裁判、以下東京裁判とする）に対して日本の見解は総じて否定的で、「勝者の裁き」という見方が主流として定着しているが、他方、２００２年設立のＩＣＣには概して支援的で、２００７年には締約国となっているという点が挙げられる。次に、ＩＣＣ加盟については、国会の衆参両院で意見が分かれることもなく、むしろ満場一致で加盟が採決された点だ。さらに、ＩＣＣ加盟が決定した際、歴史的な背景から物議を醸しやすい隣国の反応がこれといってなかった点も特筆すべきであろう。同様に、日本のＩＣＣ加盟について、記憶の政治学の学際でも、不思議なほど話題にされていない。

そこで本稿は、日本の記憶の政治におけるＩＣＣ加盟の意味に焦点を当て、とくに、ＩＣＣ加盟によって、日本政府が物議を醸す東京裁判の歴史からの方向転換を図っていることを暗示するものであるか否かを探求する。これは、日本のＩＣＣ加盟に関する研究の大半を占める法学研究者らが、ほとんど言及していない疑問である（e.g. Arai et al. 2008 : 359-383; 東澤 ２００７：２９８-３１７；洪 ２００７：３７-４２; Masaki 2008 : 409-426; 新倉 ２００７：25-30）。

国会討議の記録文書のほか、関係分野の政策決定者や官僚および研究者とのインタビューを含む各種文書の分析を元に、記憶政治における日本の姿勢としてＩＣＣ加盟が特殊な位置づけにあるのでなく、むしろ他の局面と同じ記憶政治の立場を表すものであることを論証する。

6部構成で詳しく議論を展開していく。第2節では「政治的な記憶」について定義し、東京で１９４６年から１９４８年に行われた戦争犯罪裁判である東京裁判が、これまで日本の主な政局においてどう記憶され、論議されてきたかについて述べる。第3節では、東京裁判にまつわる否定的な記憶に照らしてＩＣＣが政治家にどう評価されているかを描写する。また、さまざまな懸念があったにもかかわらず日本がＩＣＣに加盟を決めた理由に焦点を当てて考察する。第4節では、ＩＣＣ加盟に際し、東京裁判の経験を鑑みて日本が行った国内法的措置について考察する。第5節では、近年韓国や中国の法廷で、戦時下の強制労働の被害者らが日本企業に対して起こした損害賠償請求に関する日本政府の態度を精査する。その際、とくにＩＣＣ加盟が、東京裁判では概ね無視された日本の戦時下の侵略的行為によるアジアの犠牲者達に対して、以前より日本政府が和解的立場をとるようになったものかどうかを評価する。最終節では、研究の主要点を要約しながら、日本のＩＣＣ加盟は、刑事司法と処罰に関する日本の記憶政治において何ら基本的な変化を示すものではないことを論ずる。

本稿は研究成果として以下の3点について述べる。

第一に、日本の政治論争は、東京裁判の経験とＩＣＣの成立とを無関係な別個のものとして扱っている。東京裁判の遺産は、世界史上初のＩＣＣ設立への支援につながったが、そのような肯定的遺産は日本国内に見当たらない。東京裁判とＩＣＣの関連性について、日本国内の見解はいずれも、ＩＣＣの設立関係者らが、その前身の東京裁判に見られた数々の欠陥を「正した」という立場に限られているようだ。他方、ＩＣＣへの加盟は有益だとする見方が、日本の加盟につながったと考えられる。

第二に、ＩＣＣ加盟に際して（コア・クライムと称される）戦争犯罪、集団殺害犯罪、人道に対する犯罪、そして侵略犯罪の刑事訴訟遂行を日本独自で可能にするための国内法刑法の必要な調整だったが(1)、ドイツの包括的な法的措置とはまったく対照的に、日本では最小限の調整に留められたことも挙げられる。ベルリンの最大効果を目指したアプローチとは逆に最小限の法的調整を目指した東京のアプローチは、「コア・クライム（core international crimes)」という概念の重要性を認識していないかのようにも見られる。ＩＣＣの四大犯罪の範疇の真髄について十分な省察がなされていないことを示唆しており、日本が国家の過去の問題と真っ向から取り組んでいない事実にも関係しているのだろう。

第三に、日本政府はＩＣＣを支援する一方で、韓国や中国の法廷で現在審議中の戦時中の強制労働に関して個人が日本企業を相手取って起こした訴訟については、否定的立場をとっている。政府は日本企業に対して、万一賠償金支払いを命ぜられた場合は、それに従わないよう助言している。賠償と本国への帰還について、大戦後に交わされた二国間合意を弱体化させるのを恐れてのことだ。この態度は、法制に限局すれば合理的なようだが、ＩＣＣの任務に具体化されるべき重大な過去の悪事・不正行為に対する説明責任を促進するという理念を反影する態度ではない。

2　極東国際軍事裁判と日本の記憶の政治

戦争や戦争犯罪裁判など、トラウマを引き起こすような過去の事象について、人さまざまな記憶や忘却の仕方がある。国レベルでどんな記憶が育まれてきたかなど、過去の公的な記憶の仕方が、現在の国家とその代表者の政治的な方向性に大きく関与している。記憶は「過去の事象や印象が回想され、保存される過程、もしくは実行能力」（Bell 2006 : 2）を叙述する。よって、記憶は客観的に存在するものではなく、むしろ漫然とした相互関係・相互作用によって形成されているものだ。「記憶政治」という用語は、記憶形成の過程で政治の当事者らを動作主体として浮かび上がらせ、「政治のエリートら、その支援者、そして対抗者らの過去に意味をもたせ、伝播させ……そしてその記憶の共有を広く社会の構成員らに強制しようとする努力」の性質を明らかにする（Lebow 2006 : 13）(2)。

そういった動きは、対立する過去のイメージと、政治の場やその延長で物議を醸す記憶を生み出しやすい。それに対して国家当局は、さまざまな方策によって公的な歴史のナラティブを方向付けることができる。たとえば、戦時中の経験を伝える場合には、修辞や記念式典、記念碑、教育、補償の他、刑事司法や刑罰などがその例だ（Berger 2012 : 12）。

言うまでもなく、こうして作り上げられた公的なバージョンの歴史は、一国の集合記憶、つまり「広く一般に共有された過去に関する見識」（Bell 2006 : 2）を形作る上で影響を与えている。しかしながら、一国内でもそういった主流の歴史解釈に疑問を呈する異なる社会的グループがあるかもしれない。たとえば、東京裁判が非常に不公平な裁判であり「勝者の裁き」であったという一般的な見解を、必ずしも日本人すべてが共有するわけではないし、国際的にもそうではない。今日のグローバル世界において、国家の当局が特定の歴史解釈の筋書きを独占することは不可能だ。それでもなおかつ、公的でしばしば支配的でもある歴史解釈が、広汎にわたる政治的影響力をもつのは、公的な歴史解釈によって創られ評価されてきた形で過去を理解し、その理解を共有することが、特定の規範や価値観とコミットメントを生み出し、確認することになり（Lebow 2006：3）、それら一つひとつがさらに、国家のアイデンティティを築く構成要素となるからだ。その上、特定の歴史の記憶の枠組み、もしくは次第に再構築される記憶の枠組みが、政策立案者等にとっての政治的判断や行動の動機という一連の政策上の教訓となる。だからこそ、記憶の研究者らは過去の認識と現在の政治の形成との関係を強調するものであり（Lebow 2006：2）[3]、この点こそが、本研究の重要な成果である。

本稿は、とくに、重大な物議を醸してきた第二次世界大戦後の戦争犯罪の刑事司法と刑事処分の経験とにかかわる日本の記憶政治について考察し、賠償問題についても簡単にふれる。上にも述べた様に、本稿では日本のＩＣＣ加盟が自国の戦争犯罪法廷である東京裁判について公言する姿勢に何らかの変化があったことを示すものかどうか考察する。変化を示すものであれば、それが日本を支配するエリート官僚達の戦犯法廷に係るイデオロギーの移行によるものかどうかを考える。また、変化を表すものではないとすれば、ＩＣＣ加盟と、政府の東京裁判に対する批判的態度との調和をどのようにして図っているのか。これら２つの法廷の関連性を現在の日本の政治において精査する前に、次の部で東京裁判にまつわる日本の記憶の政治[4]について概要する。

まず、一般的な東京裁判批判の例を概略し、日本の政府がいかに東京裁判の歴史的遺産を扱って来たか説明する。東京裁判は、アメリカ合衆国の指揮で組織・実行されたが、同国は日本のナショナリズムへの対処として、非軍事化や民主化という教育的な目的も審理に盛込もうとした。主要な戦犯を裁くのみならず、彼らの悪事を日本の市民に認めさせる必要があった（Futamura 2008：56）。また、東京裁判の意図は、特定の戦争解釈を取り上げて正当性を認めることで権限を与え、それをもとに特定の歴史的認識を日本人が受け入れるようにすることだった（Futamura 2008 : 58）。

東京裁判は、平和に対する罪（A級犯罪）、通常の戦争犯罪（B級犯罪）、人道に対する罪（C級犯罪）の三犯罪を管轄し、最終的に、起訴された25名の政治・軍事的指導者ら全員が有罪となり、そのうち7名が死刑に処せられた（Futamura 2008 : 55）。[5]

東京裁判に加えて、アジアの各地でもB級犯罪とC級犯罪の訴訟が行われた（Berger 2012 : 144-145）。

しかしながら、東京裁判はさまざまな側面で日本でも海外でも広範な批判を受けた。[6] まず、大日本帝国の指導者が侵略戦争を共同謀議したとし、その為平和に対する罪を犯したという最も重大な起訴事由の正当性が問われた。国際法においては、そのような犯罪が該当する戦争の終結後に規定されたため[7]、（後にA級戦犯で有罪となった）日本の戦犯被告人らは、事後法で起訴されたことになる。

二点目は、天皇の訴追問題である。戦間期に公式な国家君主であった昭和天皇が、合衆国占領軍の当局の政治的配慮から訴追免除となった。

三点目に、東京裁判には手続き上の不備が多く、驚く程ずさんな面があったという数々の指摘がある。たとえば、主席検察官による証拠の提出に係る問題や、弁護団に対する資料へのアクセスの制限などが挙げられる。しかも、法廷自体が、日本人にまったく親しみのないアングロ・アメリカ式法制度に基づくものだった。

第四点目に、西洋諸国（というよりもアメリカ合衆国の）指揮によって東京裁判は、アメリカと連合軍対日本の戦争行為に焦点を置き、日本がアジアの隣国に与えた危害についてはほとんど取り上げていない。たとえば、性奴隷や細菌感染の生体実験による犠牲者らの辛苦については審議されていない。

五点目に（以上に述べた不備の結果も含めて）、最終判決で11名の判事のうち2名が反対意見を呈しており、5

名の判事が個別意見書を提出している（Futamura 2008：54）。(8)

裁判官側からの反対意見の提示は、後日東京裁判に係る評価が激しい論議に発展していくことを予示するものだった。イギリス領インド帝国の法学者・裁判官のラダ・ビノード・パール判事は、意義を唱えた一人である。後に最も有名になったパールの膨大な個別反対意見書では、東京裁判が事後法に基づくもので、被告らが侵略戦争を共同謀議したという容疑について証拠不十分としている。パール判事は、合衆国と連合軍の戦争犯罪についても疑問を呈しており、この点について日本では、わが身をもって戦争体験した多くの一般市民が共感した。というのも、市民は広島・長崎の原子爆弾投下の経験などから、自らを無惨な戦争の被害者と意識していたからだ（Tanaka 2006）。

しかし、第二次大戦終結直後の時代、日本人法学者の多くは、東京裁判の判決を概ね正当だとみなしている（Osten 2003：117）。一口に言えば、東京裁判とその判決は、その原点から日本の国内外で物議を醸してきたのである。

なおかつ、日本政府は公式に、1951年のサンフランシスコ講和条約に署名することで、論争の的である東京裁判判決を受理し、翌年1952年の条約発効により、日本の主権回復が認められた。ただし、当時の日本には代替案がなかったとも言えよう。

いずれにせよ、東京裁判の意図は、日本がアジアの侵略戦争を企てて遂行した罪を負うという特定の歴史的記憶と戦争解釈の構築などだったが、それは日本で主流の戦争意識には根付き得なかった。

むしろ、東京裁判とその判決が「勝者の裁き」と見なされるようになり、占領が解かれる頃には、日本人の多くが戦犯らの赦免を支持するようになっていた。そういった要求に占領軍当局は、すでに1950年頃から若干の理解を示し始めているが、これには当時、緊張が激化していた冷戦における日本の役割を計算に入れたアメリカの戦略的政策がある。収監されていた受刑者の刑期が減刑され，仮釈放される者もあった（Berger 2012：146）。日本が1952年に主権回復後，当時の日本政府が独自の戦争犯罪裁判を開廷したり，国内法で戦間期の武力侵略や残虐行為の犯罪実行者が裁かれたりすることは一度もなかった（Lind 2008：35）。むしろ，進行中のあらゆるB級およびC級戦犯に係る訴訟を中止する運動を行っている。こういった政府の姿勢は，すべての戦犯の釈放を求める一般大衆の支持を集め，1953年にはすでに，1500万人の署名が集まった（Buruma 2009：169）。1958年には遂に，東京裁判の存命の受刑者全員が釈放され，後には政界に復帰した例もある（Buruma 2009：169）。

元受刑者らは，国内法では有罪でないにもかかわらず不当な国際法で罪を問われたという理由から，給与と年金の支給も受けた（Lind 2008：35）。これは，B級およびC級戦犯に係る東京裁判やその他数々の法廷の判決が，最終的には明らかに「覆された」ことを表している（Berger 2012：146）。

結局，東京裁判は，アメリカが構想したような教育的効果をもたらさず，侵略者の日本と外国の被害者という二極化で日本人の戦争の記憶を構築し，特定の歴史認識を養う結果には至らなかった。国の復興のために政治的経験者が必要だった事情から，戦間期の政策に深くかかわっていた政治家らが1950年代の政界に返り咲いたことも，東京裁判の本来の目的を空しくしたのである。その内2名は特筆に値する。一人は，外相を経て1940年代には大東亜省大臣を務め，東京裁判ではA級戦犯として有罪判決を受けた重光葵で，1954年に外務省大臣に就任している。また，第一回国際連合総会に日本を代表して出席し，日本の国連加盟受諾演説を行った（Togo 2008：60）。

もう1名は1930年代に満州国の高官を経て1940年代初期には軍需次官も務めた岸信介である。A級戦犯として逮捕されたが，戦後一度も裁判にかけられることなく，1957年には総理大臣にも就任している

(Berger 2012：146)。

言うまでもなく、これら保守的な政治家たちが、自己批判的な歴史解釈を促進するわけがなく(Berger 2009：24)、日本の戦争行為に説明責任を求めることを目的とした東京裁判の価値を認めるはずもない[9]。その代わり、日本が主権を回復すると、岸ら政治家は、すべての日本の戦犯が釈放されるための活動に専念した(Lind 2008：35)。東京裁判判決で強く意義を唱えたパール判事を日本に何度も招待して表彰したのも、岸らの反東京裁判的態度を象徴するものと言えよう。

このように、政治的に表象的で重要な行為を通じて、東京裁判に対する否定的態度を表す傾向は時を経てもなお変らず、少なくとも、自由民主党議員らの言動において、今日も顕著である。例を挙げれば、岸の孫である現職安倍晋三総理大臣が、第一次安倍内閣(2006～7年)中インドを訪問した際、インド国会での演説で日本政府代表の立場から、パール判事への敬意を表明した(Onishi 2007)。国粋主義で有名な安倍首相は、この演説で東京裁判判決を強く非難したが、判決の正当性を疑問視する発言は避けた。安倍首相の東京裁判批判は、1990年初頭から始った東京裁判とその判決が「自虐史観」の具現化であるという保守派の評価と足並みを揃えるものである(Togo 2010：30)。東京裁判その他が創ったと言うのだろうが、その「自虐史観」を「正す」ことは、実に、安倍首相の政治イデオロギーの主な目的の一つだ。だが、そういった認識は、大半の日本人の意識とは異なる。多数の日本人が東京裁判に批判的ではあるが、だからといって有罪判決の下された犯罪者らの赦免を是認しているわけではない。安倍首相の政治的野心は、歴史的戦争の記憶と戦争犯罪法廷が今日でもいかに論争の焦点となっているかを例示するものだ。

まとめると、外圧から東京裁判の判決を公式には認めながらも、第二次世界大戦後の刑事司法における日本の政治的集合記憶は、「勝者の裁き」という東京裁判の弱点に論点が集中しており、少なくとも非公式なレベルでは徐々に東京裁判の判決の非正当化が試みられている。もちろん、東京裁判の不備を指摘・批判すること自体は正当だ。しかし、狭い焦点に固執することは、東京裁判の被告が重い戦争犯罪を犯したかどうかという主要事項から論点をそらせようとする政治的意図を物語る。

日本で一般的な東京裁判の理解に内在する逆説とは、東京裁判の不備が鮮明に記憶されているのに対し、起訴された凶悪犯罪自体は忘れ去られていることである（Cohen 2003 : 51）。東京裁判の欠点のみに注目することで、多数の日本人が東京裁判の本来の目的である戦争犯罪や大量残虐行為に対する説明責任の確立について認識できず、したがってＩＣＣがいうところの「不処罰の文化」から未だ脱却できずにいる。

したがって、東京裁判の欠点に関するあらゆる論説があっても、「物議を醸し、ある点では疑問視される東京裁判から、新たな国際法が生まれたことを忘れてはならない」と、法学者らは説明している（e. g. Simma 1999 : 82など）。たとえば、過去の不正と法的に向き合うことは、今日のさまざまな移行期正義のプロセスにおける重要な段階で、アジアもその例外ではなく（Jeffery and Kim 2014 : 25）、それこそがＩＣＣの作業の中核である。だが、東京裁判判決を公式に受け入れながらも非公式に否定する記憶の政治を見る限り、概ね、日本の政治的意思決定者らに東京裁判の経験と国際（刑事）司法の間の前向きな関係が受け入れられるかは疑わしい。

より具体的に言えば、東京裁判の認識が政府のＩＣＣに対する姿勢に（どう）影響してきたのだろうか？戦争犯罪やそれにまつわる残虐行為を処罰するために新たな国際機構を創設するにあたり、日本独自の東京裁判の経験からいかなる政策上の教訓が得られるのだろうか。東京裁判を指導した各国が意図した（肯定的な）裁判の遺産や想定した教訓とは、たしかに異なるだろう。同じく重要なのは、東京裁判の経験を踏まえて２００７年のＩＣＣ加盟に至った日本政府の主たる根拠は何だったかということだ。

3 東京の極東国際軍事裁判からオランダ・ハーグのＩＣＣに至る道のり

■歴史、政治、法的な配慮

研究者らは、記憶が国際的な規範や価値観、そして国際機関に大きな影響を与えてきたと述べている。たとえば、ＩＣＣに関して、「ＩＣＣはホロコーストと第二次世界大戦の教訓から生れ、東京裁判とニュルンベルグ裁判を経て創設された」（Langenbacher 2010 : 19）としている。歴史に則って新たな国際的機構を設置するという考え方に対する各国の反応を比較・精査すれば、日本のＩＣＣ設立に対する姿勢が示す様に、すべての国が同じ歴史から一律の教訓を学ぶことは期待できない。

政府がＩＣＣプロジェクトを支援した事実は、一見明白である。しかし、さらに踏み込んで政府の態度を調査すると、ＩＣＣの設立時から加盟に至る過程を通じて日本政府の躊躇がみられる。実際、冷戦直後に国連でＩＣＣの創立に係る交渉が開始された時、非政府組織の人権団体代表などオブザーバーらは、日本のコミットメントについて懐疑的だった（Pace 2006 : 1）。東京裁判に関する政府の偏った歴史理解に対する懐疑と言っても突飛ではない。

日本は、ＩＣＣの将来についてとくに熱心に支持したわけではないが、侵略行為を国際的なコア・クライムとして認識するようドイツと強調して強く求めるなど、交渉段階には進んで参画した。実際、平和に対する犯罪、つまり侵略犯罪、というのは東京裁判でもニュルンベルグ裁判でも主要な起訴事由だった（Schabas 2004 : 32）。また、ＩＣＣ設立のための国際交渉の最終段階で、活動の範疇について各国意見の相違により交渉が難航した際、日本政府主席代表の小和田恆は、対立するアプローチの間で最適な調和点を見出すことへのコミットメントを自ら示し（小和田・芝原１９９９）、ＩＣＣプロジェクトの破綻を防いだという[10]。

最終的に、日本はＩＣＣ設立の条約の採択を支持したが[11]、その実効を支えるローマ規定には[12]、種々の理由から署名も批准もしなかった。その理由については後に述べる。いずれにせよ、条約の実効に必要な60ヶ国の署名が２００２年に揃い、同年中には活動が開始された。ＩＣＣ活動開始によって日本は、将来的な加盟の是非を明らかにすべく圧力を受けることになったが、政府は繰返し基本的姿勢を述べるに留まった。原則として政府はＩＣＣを支持するが、日本のＩＣＣ加盟に伴う法的要件を吟味し、必要となる国内法の調整を検討することが先決という姿勢である[13]。

ただし、法的な再検討と調整は、２００６年になるまで開始されていない[14]。政府としては、法的な理由以外で日本がＩＣＣ加盟を躊躇している印象を与えてはならなかった。詳しく調べていけば、ＩＣＣ加盟に先立って日本は、実に多様な障壁を乗り越えねばならなかった事が明らかになる。日本の自衛政策においてさまざまな制限に係る重要な法的課題も障壁の一つだった。たとえば、（平和条項ともよばれる）憲法9条によって軍事力保有が厳しく規制された平和主義国として日本は、ジュネーヴ条約とジュネーヴ議定書を、ＩＣＣが発足した２００２年の時点で実効していない。これら国際人権法の主要な条約は、武力紛争中の行為を規定し、（ＩＣＣのコア・クライムの一つとなっている）戦争犯罪の発生を抑止することを意図としている。

日本のＩＣＣ加盟の可能性を背景に、日本が少なくとも法的にはジュネーヴ条約と議定書および追加議定書に拘束されていない事実が、問題視されるようになった。たとえば、日本は戦争犯罪の実行者を処罰する法的根拠をもたない。その状況は２００３年に変わったが、それは概ね、米国の9・11同時多発テロ事件後、脅威に関する意識の変化から、ジュネーヴ条約全般を含む有事法制の実施が促された結果である（Lukner 2007 : 98–100）。

さらに、国家主権の一部を国際機関に委譲する事への懸念から、アメリカ合衆国はＩＣＣに敵対した為、日本の政策意思決定者らは、唯一の同盟国であり、国家の安全を保障する合衆国政府が日本のＩＣＣ加盟にどう反応するかという問題に直面した。アメリカは、２０００年代前半に、ＩＣＣと積極的なＩＣＣ支持国に対してさまざまな妨害政策を行ってきたが、２００９年初頭まで続いた第二次ブッシュ政権の終盤には、その方針も揺らぎ始めた（Lukner 2012 : 101）。

いずれの展開も日本のＩＣＣ加盟への動きを促したことに疑いの余地はない。当初の法制上および安全保障上の懸念に加え、ＩＣＣ加盟を日本が躊躇した理由の背景には、戦争犯罪法廷に係る自国の重い歴史の影が垣間みられる。

第一に、国内の保守派らは、ＩＣＣ加盟が天皇の戦争責任問題も含む新たな日本の戦争犯罪の告訴につながるのではないかと懸念した（Goold 2002）。このような討論は、政界の保守派・右派の間で東京裁判にまつわる記憶を呼び起こしたようだが、ＩＣＣは２００２年設立以前の犯罪に対する管轄権をもたない。

第二に、帝国時代の日本による戦争犯罪や残虐行為に関する国内の論争を回避するために、政府が当初はＩＣＣ加盟を避けたのではないかとオブザーバーらは考察している（Lukner 2007 : 96）。それらの行為が国際刑事司法においてコア・クライムに規定されて間もなかったからである。また、東京裁判の法手続き上の弱点に関する論争から、犯罪の本質そのものを精査することに議論の焦点が移行するおそれがあったかもしれない。少なくともＢ級およびＣ級戦犯という比較的物議を醸さない罪の種類においてはそうだろう[15]。

第三に、日本の官僚は、法務省代表がＩＣＣを積極的に支援することが東京裁判の事後承認とみなされるのではないかと恐れていたようであり（Osten 2003 : 182）、日本は何としてもそれを避けたがっていた。２００７年にようやく日本がＩＣＣ加盟を果した時、これら歴史に根ざした論争の課題を日本はどのように扱ったのだろうか。一口で言えば、政治家、政策決定者、政府代表らは、東京裁判と比較してＩＣＣの掲げる法律が、遥かに向上していると強調した。

２００２年のＩＣＣ設立に鑑みると、新公明党は、自民党の政策に協調するまでの数年間、日本のＩＣＣ加盟に明らかに積極的態度を取っていたが、その新公明党の遠山清彦によるとＩＣＣは「敗者勝者にかかわらず非人道的な行為を行った者を裁く」もので、それこそが、東京裁判との「大変に重要な」相違点だという[16]。同じく、東京裁判で学生通訳として働き、訴訟の実態を目の当たりにした経験がある自民党系の元法務大臣森山眞弓（２００１～２００３）は、日本の見解からすると、東京裁判とＩＣＣの相違点がいかに重要であるか強調した[17]。日本の一般市民の意見を反影するように見受けられる森山元法務大臣によると、紛争の勝者が敗者を裁けば公正性が失われるという。しかし、ＩＣＣは戦争の勝者と敗者と両方が犯した罪を中立の立場で裁くものである（森山２００７：６）。

２００７年４月、日本のＩＣＣ加盟を支持するという国会の決議に続いて、当時の外務大臣麻生太郎も同じく、東京裁判とＩＣＣを比較し、前者を批判しながら後者に見られる改善を強調した。麻生は国会で、日本が東京裁判の判決に意義を唱える立場にはないが、事後法の適用による処罰の禁止など、さまざまな法的側面で論議の余地があるとし、その反面、ＩＣＣは、発効後の犯罪に対してのみ管轄権を有する「不遡及の原則」や法律なければ刑罰なしとする「罪刑法定原則」といった一般的な刑事司法の原理に則っている、と述べた。したがって、ＩＣＣは国際社会において「法の支配」を推進するよう改善されている、とも述べた[18]。遠山や森山、麻生等政治家らによるＩＣＣの法的な改善の称賛は、同時に東京裁判の性質を示唆するものだった。

興味深い事に、１９９０年代以降主導権を握る自民党と新公明党以外の代議員らは、国会で、東京裁判とＩＣＣとの関係についてより肯定的な評価をしていない。「世界の歴史」が東京裁判で創られた、もしくはその訴訟が「新たな国際法の成立に多大な影響を与えた」という概念は、国会審議に見受けられない。[19]東京裁判に対する批判的もしくは否定的な感情は、新聞記事に見られる。たとえば、政策決定者らが日本のICC加盟を決定した後に保守系の日本経済新聞（2007年7月1日）は、事後法を適用した東京裁判の経験をもつ日本は、ICCの判決が公正であり報復的な意味合いがまったくないことをよく調べて確認すべきだと書いている。すなわち、東京裁判との相違を確認すべきという言外の意味が読み取れる。

東京裁判とICCの2つの法廷を比較すれば、後者が随分異なる法的根拠に基づいていることがわかる。たとえば、数名の判事から構成される予審法廷で、厳しい審議を経た後に訴訟を開始することができ、ローマ規定発効後の犯罪のみを対象に捜査が許され、ICC加盟国の国民の犯罪もしくは、加盟国の領地内で発生した犯罪のみに対して訴訟が起こせるという規定がある。これらをはじめとするローマ規定に明記された項目は、法のデュープロセス（適法手続）を確保するものだ。[20]

■ICCに加盟した理由は？

無論、日本のICC加盟論争において、東京裁判にまつわる記憶の論議は、必ずしも重要な位置を占めてきたわけではない。むしろ、国レベルまたは国際レベルで日本のICC加盟を支持する数々の当事者らが、多種多様な論点を挙げてきた。その状況が示すのは、論争の別の側面を浮かび上がらせている。

たとえば、アムネスティ・インターナショナル（AI）など人権擁護者グループとくにその日本支部は、日本のICC加盟を求めるキャンペーンを1998年のローマ規定採択直後にいち早く開始した。実際、AIは人権団体として、同様のアプローチを世界各国で行い、国際（刑事）司法体制に積極的な参加を求めた。AIの目的は、残虐な犯罪を防止し、深刻な人権侵害を避けることだ。

日本弁護士連合会（ＪＦＢＡ）は、日本政府がＩＣＣプロジェクトに積極的な参加をすることについて、懸念していた。（上にも述べたが）とくに安全保障問題に関する法規において、加盟がもたらす多様な法的意味もその理由の一つだ。[21] しかしながら、アメリカの９・11テロ事件後、ＪＦＢＡは、態度を変えている。世界的対テロ戦争への貢献を謳って日本の軍備を拡大していく日本政府のアプローチの代替策として、国際的なコア・クライムを処罰する機構であるＩＣＣへの加盟を全面的に支援することを選択したのだ。ＪＦＢＡが求める姿は、政府が国際政治において、武力統治ではなく、法の支配を持続することだ。

ＡＩとＪＦＢＡの双方の機構のメンバーたちは、ＩＣＣネットワークの日本支部である国際刑事裁判所日本ネットワーク（ＪＮＩＣＣ）の活動にも参画している。ローマ規定に具現化される理想を信じる法律家グループや人権活動家と学生達は、１９９７年から国民や政治家の意識を高めるために、日本のＩＣＣ早期加盟に向けてロビー活動を展開した。これら団体の活動には、公開セミナーや議員を対象とする勉強会も含まれる（JNICC 2007）。

国際レベルでは、欧州連合（ＥＵ）が際立ってＩＣＣ加盟国の拡大に熱心だった。世界中で不起訴の例を減らすためだ。その目的を掲げて、ＥＵは日本でのキャンペーンを展開し、２００２年と２００４年には、高官が東京を訪問した。代表団は、ＥＵ加盟各国からのＩＣＣ専門家やＥＵ委員会など各種機構の代表者らで構成され、ＩＣＣ検察局など人員も含まれており、いずれも日本政府代表、官僚、国会議員、学際、そして一般市民と討議を行った（MOFA 2002, 2004）。

一般的に、ＥＵはＩＣＣにまだ加盟していない国と政治的対話をもつが、ハイレベルの代表を揃えたＥＵ派遣団をみると、日本はアジアにおける主なターゲット国とされていたようだ。ＥＵは日本を「国際的システムで主要な役割を果す」とみなしており（Wellenstein 2004）、日本のＩＣＣ支援は非常に重要な課題だった。

もう一つ特筆すべきは、日本のＩＣＣ加盟がＥＵ加盟各国のＩＣＣ貢献の経済的負担を大幅に軽減することである。ＡＩ、ＪＦＢＡ、ＪＮＩＣＣそしてＥＵとその他関係団体がそれぞれの思惑を抱えつつ、共同で日本のＩＣＣ加盟に圧力をかけてくる中、東京裁判の悪い歴史的記憶があるにもかかわらず、日本政府がＩＣＣ加盟を決めた動機は一体なんだったのか。とくに外務省や政府刊行物や官僚が執筆した雑誌記事や論説などは、日本のＩＣＣ加盟が国際的協力の主要な貢献者としての役割を強調するかについて取り上げている。

第一に、日本のＩＣＣ加盟は、当事国が国際的コア・クライムにおいて不起訴を受け入れない姿勢であることを反影し、根底にはそのような犯罪実行者に対する取り締まりを強化する意味合いが含まれている。第二に、日本の加盟はアジアの加盟国を増やし、ＩＣＣの地理的領域の拡大に貢献するものとみなされた。三点目に、加盟を通じて日本は新たな国際法案の作成と開発に積極的参加ができるようになった。たとえば、２０１２年の侵略犯罪に関する国際刑事裁判所ローマ規定の改正会議に出席し、人権や刑事司法の分野での規範構築に国際的な貢献をした。四点目に、日本もＩＣＣの加盟国としてＩＣＣに代表を送り出すことが可能になった（外務省２０１２）。そして、日本の価値観を国際法に反影させると同時に日本的なものの考え方がＩＣＣで理解されるよう努めた（岡崎２００７：50）。五点目に、加盟国として日本は、ＩＣＣ予算に対して最高額の分担金を納めることを通じて、ＩＣＣの活動に大きく貢献している（外務省２０１２）。国際協力における義務や責任を果し、いかに日本が国際社会において重要な役割を担っているかを示すものとも言われた（野口２００６：２４６）。

このように、日本はＩＣＣ加盟を通じて、国際社会の責任ある一員、法の支配で統治される文明国という、先進国のイメージを描こうとした。加盟は、新たな国際刑事司法を尊重し、準拠する日本の願いを表すもので、積極的なＩＣＣ支援は、全加盟国中最高額の年度分担金や、多くの人員派遣による貢献を見ても明らかだ。

この法に準拠する日本という肯定的なイメージは、東京裁判で構築された残虐な犯罪を犯し、不当な侵略的戦争を行った大日本帝国というイメージとは見事に対照的である。したがって、日本のICC加盟は、平和主義の法治国家であり国際社会の一員として、残虐行為を許さず、中立的な戦争犯罪裁判所の永続を支援する国という、戦後および東京裁判後の日本のアイデンティティを、再度強調する好機だったと言えよう。日本の政策は、東京裁判の判決でおよそ50年前に創られた国家のイメージを置き換える試みとも見られる。

要約すると、日本が結果的にICCに深く関与することになったのは、東京裁判に対する概ね否定的な態度が変化したことを表すものではない。むしろ、ICCの法的本質と東京裁判と比較して非常に高いレベルの公正性と普遍性をもった法的機構であるという見解とに基づいてICCを支援することが、国会討議で示されている。

こうした議論が強く示唆しているのは、政策立案者らがICCに具体化される東京裁判の遺産をまったく認めず、両法廷間に何ら連続性を見出していないということだ。両者間に何かつながりがあるとすれば、ICCの創設関係者らが正しく、東京裁判の数々の欠点を除いたという見方に限定されている。これらは、歴史的な経験について激しい論争が続くにもかかわらず、またその歴史を否定する立場を変えることなく、ICC加盟の選択を正当化した日本の政策を説明するものである。日本が最終的に加盟した際、日本政府はこれを好機として、平和主義で法の支配の文明国家であり、国際社会の重要な構成員であるという戦後日本のアイデンティティを確認した。これも、2007年に第一次安倍内閣が、一方ではパール判事に敬意を払いつつ、他方でICC加盟を果すことができた理由を説明している。

4 日本国刑法の（非）調整

ICC法廷は、加盟国が調査・訴追することが不可能、もしくは回避したいとする国際的なコア・クライムのみ取り扱うという「補完の原則」に基づいて運営される[22]。戦争犯罪の主要な責務として、集団殺害犯罪、人道に対する犯罪、侵略犯罪、に関する訴追は加盟国が行い、各国はローマ規定の国内実施について熟考し決定しなければならない。これは各国の裁量で行われる。興味深いことに、ドイツと日本という大戦直後の二大戦争犯罪法廷で被告側に立った経験を共有する二国が、ICCの犯罪規定を国内法に反影するにおいてはまったく異なる道を選んだ。

ドイツが最新の包括的な形での国際刑事司法を独自の刑法に採用しながら最大限の調整措置を行ったのに対し、日本は既存の刑法に最小限の調整を行った。次に、日本がなぜそのようなミニマリスト的アプローチを選択したのか分析し、官僚の立場や残存する法的課題、日本の東京裁判経験が及ぼした影響などを解明すべく考察する。

ICCへの正式加盟以前、日本政府は、法的措置が必要な法規について同定し調整する必要があった。これは標準的な加盟手続きだが[23]、ICCの場合、いかにローマ規定の要件に従って国内法を調整するかという点が、議論の多い複雑な問題へと発展した。

当初、少なくとも外務省内の国際法局の官僚は新たな実体法の実施を支持しているように見受けられた（Meierhenrich and Ko 2009 : 19）。犯罪と処罰を定義する法規定である。公式な国会討議で、外務省代表もそれを検討した（Arai et al. 2008 : 367）。というのも、ICCをとくに支持する外務省が、既存の刑法を大幅に改正するか、もしくはドイツのように国際的なコア・クライムの訴追に関する追加刑法を制定して、日本もあらゆるICCコア・クライムをローマ規定に沿って処罰できるように計らう必要性を感じていたのである（齋木ほか２００２：11）。

ところが、日本の刑法制度は、「細かく調整されており、またそれに従って扱われ」ているため（Meierhenrich and Ko 2009：12）、新しい原理や罪を日本の刑法に導入する事へは、積極的な同意が得られなかった。とくに、法務省は新たな法規を日本の刑法に導入する案を退けた[24]。最終的に、ICCの犯罪は、日本の既存の刑法で国内の犯罪として処罰できるため、実行のための改編は必要がないという意見に官僚らの同意を得て解決した。伝えられるところでは、国内法への法的措置について必要な調整の範疇と複雑性を9年間に渡って検討した末、２００７年、最小限の変更を行うことで政府の公的な立場が決定した。

このようなミニマリスト的アプローチを加盟のさらなる遅れを回避するための実用的対策だと評価する声もあるが（新倉２００７：28）、アプローチの是非について現在も意見が分かれるところだ。というのも、ICCのコア・クライムと関連する犯罪の要素が日本の刑法に移転されず、どこにも反影されていないからだ。既存の刑法の第一次的目的は、一般犯罪の訴追であって、「国際社会全体に脅威を及ぼす最も重大な犯罪」を扱う目的ではない[25]。そのため、日本の刑法によって大規模な残虐行為が適切に裁判できるかどうかが疑問視されている（Inazumi 2008：423–24）。

例を挙げると、現在日本の法のもとでは、人道に対する罪としての「根絶」や大量殺人[26]は、非常に多くの死亡者を出した「大量殺人」として扱われることになる（Meierhenrich and Ko 2009：13–14）。四大国際コア・クライムである集団殺害犯罪、人道に対する犯罪、戦争犯罪、および侵略犯罪のもつ不当さの度合いが、日本国内法である刑法には十分含まれておらず、それを重度の犯罪に対して適用するのは不適切だという批判もある。しかも、日本の刑法は、時効不適用、上官の責任、および残虐行為の謀議は処罰に値する犯罪（Inazumi 2008：430-432; Meierhenrich and Ko 2009：13 ff.）などローマ規定を構成する幾つもの法的概念に言及していない。その為、日本のミニマリストアプローチには相補性の観点から多大な問題がある。この状況は、政府が通常、確実に国内法の規定と国際法の要件の間にギャップが無いよう努めることを考えると、正に特筆すべき点である（Inazumi 2008：421）。

しかし、可能性こそ低いが、日本人がローマ規定にあるような罪を犯した場合、そしてそれが日本の刑法に規定されていない場合、容疑者は、ＩＣＣに移送されて、ハーグで訴訟を受けることになる（中内２００７：5）。このようなシナリオが実際に起り、日本人国籍をもつ者が外国人判事が並ぶ法廷で戦争犯罪裁判を受けることになれば、東京裁判の記憶が想起されるだろう。そのようなシナリオに照らし合わせてもなお、日本の刑法の文言を変える必要性を考えなかったようだ。平和主義の立法国家という日本の戦後のアイデンティティによるものか、東京の官僚や政治家のほとんどは、日本人がコア・クライム実行の罪に問われる状況を想像することができないようだ（正木２００７：31）[27]。

なおかつ、代替案については、より包括的で司法上、おそらく問題がより少ないアプローチの例として、法学者等はドイツの事例を挙げている（新倉２００７：28など）[28]。ベルリン（ドイツ政府）は、ローマ規定の概念を最大限取り入れるアプローチを適用し、国際法に対して新規の刑法を制定した。これは、国際的な四大犯罪を詳しく定義したもので、確実にローマ規定の詳細に沿って適切な処罰を規定する試みである[29]。

政界の既成勢力は、日本がコア・クライムの実行者の裁判を行うことはまず無かろうという見解で一致しているが、日本のアプローチの弱点を指摘しながらドイツの事例など代替案を提案する声もまったく聞き届けられなかったわけではないようだ。加盟のために調整を最小限に留めるアプローチを支持しながらも、日本がＩＣＣに関連する犯罪を将来的に起訴・訴追できるよう保障することを国会両院が政府に求めている（中内２００７：10）。だが、刑法を改正する動きはこれまで見られていない。

以上をまとめると、ローマ規定に沿って国内の刑法を調整する際、日本が最小限のアプローチを取ったのは、政治的および実用的な理由からである。しかし、多国籍テロに関する国際条約の要件を満たすために行われた大規模な国内法規の調整の過程において（Meierhenrich and Ko 2009：18-19）、日本のアプローチは消極的であり、曖昧な態度さえ伺われた。一口に言えば、「最小限調整のアプローチ」は、「最小限の努力」しか必要としない（Inazumi 2008：423）。

日本の批判的・否定的態度と東京裁判の経験から、このアプローチが選択された理由には、日本の過去に関する重点問題を避ける意図もあったように見受けられる。たとえば、政府代表も政策決定者も、共同謀議や上官の責任の問題など東京裁判の訴訟の中心だった歴史的な論争にふれるのを回避できた[30]。

仮に日本が新規の実体法を制定していたら、そして4つのコア・クライムを刑法で規定したとしたら、上記のような犯罪についても大きく取り上げなければならなかっただろう。さらに、日本の第二次大戦中の行為についても遡及的に定義される可能性があり、ひいては日本の戦争責任が問われたかもしれない。その上、最大限の調整アプローチを選択していたら、ＩＣＣ設立に当たって議論されたように、ＩＣＣの体制に東京裁判の遺産を見出せることが曝露されたかもしれない。そのような論議に膨大な時間を費やすのを回避するためには、日本の選んだ道が実用的だったと思われる。つまり、東京裁判に係る日本の記憶の政治は、変化ではなく継続を示しており、何世代を経ても過去の意識というものが、将来の政治的意思決定に影響するという論説を立証しているようだ。

論議される歴史問題を掘り下げるよりも、法的措置のプロセスに関する討論があからさまにするのは、戦後日本の平和主義立法国という国家的アイデンティティがいかに確立されているかということだ。その結果、日本の政治家のほとんどが、コア・クライムを犯す日本人の姿さえ想像できなくなっていることがわかる。残る法的問題や補完性の問題を解決するために、より広汎な国内刑法の調整を呼び掛ける動きは、主としてローマ規定に納められた法規の完全性を守ろうとするものである。そして、日本が法の支配を受ける国家であり、（おそらく他国の）国際的なコア・クライムの実行者に法の抜け穴を許さない国だというイメージを強化するものだ。

5　ハーグから北東アジアへ戻って

韓国や中国の現地法廷で、日本企業を相手に戦間期の強制労働に対する賠償を求める訴訟が繰り広げられている。日本政府は一方でＩＣＣとその理念に対する支援をしながら、もう一方では過去の課題に対応しつつ、両者の関係に目を向けない姿勢を通しているようだ。最近、韓国や中国の法廷では、第二次世界大戦中に日本企業で徴用工として強制労働をさせられた被害者の賠償金請求訴訟を受け付けている。２０１４年５月、三菱マテリアルと日本コークス工業の日本企業二社を相手取った集団訴訟を中国政府が初めて受け付け、韓国の２つの法廷ですでに２０１３年、日本企業に支払いを命じている。ただし、これは後に上訴された（Martin and Jun 2013）。日本スチールと住友金属（新日鉄住金）に対する訴訟において、韓国の高等裁判所がこれら日本企業は、「日本政府と共同して侵略戦争のために動員して強制労働を行い、人道に対する罪を犯した」とし（The Guardian ２０１３年7月11日）、ローマ規定に掲げられた二種類のコア・クライムに言及する判決を下した(31)。これら法廷に立つ日本企業は、中立てを却下された場合、韓国内の資産を没収されないために賠償金を支払う覚悟だったが、日本政府はそれをはっきりと引き止めた。既存の賠償金合意の正当性が失われる恐れがあるというのだ。原告の各個人は明らかに、その合意を不十分とみなしているが、日本政府は、それ以上の賠償金支払いが、「1965年の条約で解決した戦争問題に穴をあける」ことになると議論する。日本と韓国の国交回復の際に、賠償金の最終決定が行われたもので、その後の請求は認容出来ないという（Martin and Jun 2013）[32]。

法的正当性に限って考えると、日本政府の立場は合理的に見えるかもしれない。しかしながら、重大な（過去の）悪事に対する説明責任と和解の努力の支援において、ICCの規範を反影していない。東京裁判開廷中には、国家賠償や補償について言及されなかったが、サンフランシスコ講和条約とその他二カ国間条約では言及されており、ローマ規定でも重要な要素となっている。ICCの規定にもあり、規定に従って被害者信託預金（TFV）が設立された[33]。これは、国際的なコア・クライムの被害者がICCに賠償金を請求出来るという考え方に基づいている。TFVの活動には2つの側面がある。

1つ目は、受刑者に対して行われ、ICCが支援する賠償金請求で、2つ目は、ドナーの支援で運営する金銭的支援である[34]。興味深いことに、日本政府は任意で、TFVに60万ユーロ程度の資金提供をしており[35]、これはローマ規定ときわめて重大な犯罪に対処する場合、報復・懲罰と賠償・補償の両者を含むインクルーシブなアプローチを日本政府が支援することを示している。

しかし、そのような姿勢を韓国や中国の日本企業で働かされた元奴隷労働者に対して、賠償金支払いを固く拒む東京の政府の態度に照らし合せると、どう理解すべきだろうか。繰り返すが、片や現在政府が支持する「移行期の正義」の法的概念の発展と片や日本の歴史的（負の）遺産への対処との間に概念的つながりが認識されていないとみられる。なぜなら、そういうアプローチを取らなければ、日本政府が東京裁判と賠償金問題に対して否定的な姿勢を維持するのが難しくなるだろう。

6 おわりに

本稿は、日本の2007年ICC加盟が、東京裁判にまつわる日本の記憶政治における基本的姿勢の変化を示すものではないと論ずる。理由は3つ挙げられる。

まず、国際的法学者らが（Schabas 2004, chapter 1の例にみられるように）、2002年のICC設立を第二次大戦後のニュルンベルグ裁判と東京裁判設立を転換点とする歴史的発展の成果と考えている。それとは対照的に、日本の政治家らはICCの創設を東京裁判の遺産とは考えず、それぞれを別個なものと見なしている。今日までの東京裁判の「一般的な理解」が「勝者の裁き」（Totani 2009 : 2）に焦点を当てているのに対して、政策の意思決定者らは東京裁判のような問題がないものとしてICCを肯定している。日本の論壇で二者間に何らかの関係を論じているとすれば、大抵はそういった差異に限局して述べたものだ。それでもなお、日本は法的に進化したICCに加盟したのみならず、責任ある法を遵守する国際社会の構成員という戦後のアイデンティティを誇りとし、東京裁判にまつわる闘争を好む社会の除け者というイメージから脱却しようと努めた。

第二点目に、ICC加盟の文脈の中で行われた日本の刑事司法の調整は、最小限に留まった。官僚や政治家が国際的なコア・クライムについては日本の刑法ですでに処罰が科せられていると主張したのだ。犯罪の質に関する実質的な討論は、日本の議員らのうちで発展せず、日本の第二次大戦中の悪事を批判的に考察することや過去を振り返って、国際的なコア・クライムに該当するかどうかを問うことも不可能となった。その結果、ICC加盟と矛盾しつつも東京裁判に対する否定的な見解を固持することが可能になった。

第三点目として、日本のICCとTFVの支持が、最近の韓国と中国の元奴隷労働者による日本企業を相手取った賠償請求に対する日本政府の態度とは関連づけられていないことがある。日本政府はそのような訴訟を過去に既に解決したものと提唱し、完全に拒否している。その為、日本政府は、過去の残虐行為に対する説明責任を促進するというICCの大目的である規範的事項として取り組んでいない。

以上をまとめると、ICC加盟にもかかわらず、日本では第二次世界大戦終結からの刑事司法と刑事処分に関する公的な記憶の政治がまったく変化していないことを表すといえよう。

しかしながら、東京裁判の遺産がいかに解釈され現在に活用されるべきかという問いについては、今なお論争が続いている。

謝辞

Tarina Greylin 氏、および Alexandra Sakaki 氏の研究支援に感謝します。

なお、本研究における2008年調査旅行は日本学術振興会の助成を受けています。

利益相反の開示

著者が開示すべき利益相反の可能性はない。

（1） 侵略犯罪は、日本がICCに加盟した2007年時点では、定義されていなかった為、当時、処罰の規定が実施される法的必要性がなかった。

（2） ここで、Lebow が「記憶の政治」ではなく、「組織的記憶」という表現を使用していることに注目したい。

（3） これは社会構成主義の系統の論理である。構成主義と記憶については、Lebow（2006）や Langenbach（2010）を参照。

（4）本稿では、「記憶の政治」と「記憶政治（Erinnerungspolitik）」とは同義語として使用される。

（5）被告25名のうち、2名はすでに死亡しており、1名は精神疾患の為、釈放された（Futamura 2008 : 54）。

（6）以下は、この主題について主な文献をまとめた Berger（2009 : 23-24; Berger 2012 : 144-146）の批評を採用したもの。

（7）このような犯罪の概念は、自然法の考え方に基づいてニュルンベルグ裁判で、初めて導入された。

（8）判事らの国籍は、オーストラリア連邦、カナダ、中華民国、フランス共和国、グレートブリテンおよび北アイルランド連合王国、インド、オランダ王国、ニュージーランド、アメリカ領フィリピン、ソビエト社会主義共和国連邦、およびアメリカ合衆国である。

（9）とくに岸にとっては、反東京裁判の政治活動は、主要な懸念事項だった（Bix 2000 : 612）。

（10）小和田は、１９９４年から１９９８年まで国際連合の日本代表を務め、２００３年から国際司法裁判所の判事である。

（11）日本はこうして長年の同盟国であり（東京裁判の首唱者である）アメリカ合衆国の立場から逸脱した。

（12）ローマ規定は、４つの国際的コア・クライムを制定し、ＩＣＣの機構と機能を述べ、ＩＣＣの管轄の規則を決定した。

（13）たとえば、法務大臣、南野《のおの》智惠子や、外務大臣政務官、小野寺五典。２００５年10月28日第１６３回国会議事録。

（14）加盟の手続きに関与した外務省官僚と著者とのインタビューより（Tokyo, 8 September 2008）。

（15）国会討議にみられるように、その逆が起ったのは興味深い。

（16）遠山清彦、２００２年４月14日参議院外交防衛委員会議事録。

（17）森山眞弓元法務大臣と著者とのインタビュー（Tokyo, 3 September 2008）。

（18）麻生太郎、２００７年４月13日参議院本会議議事録。

（19）「ニュルンベルグ裁判記念館」ウェブサイト〈http://legal.un.org/icc/statute/romefra.htm.〉（２０１４年３月25日アクセス）より引用。

（20）詳細は、ＩＣＣローマ規定のウェブサイト〈http://legal.un.org/icc/statute/romefra.htm.〉を参照。

（21）明治学院法学部教授（ＪＦＢＡおよびＪＮＩＣＣメンバー）東沢靖教授提供の個人情報より。東京２００８年夏。

（22）ローマ規定第17条。

（23）国内法の変更を必要とする国際条約については、締結に先立って通常、日本政府がまず日本国内法の調整、もしくは新法規の発効を行う（Iwasawa 1998 : 27）。

（24）東京裁判の専門家である某大学教授と著者とのインタビューより（Tokyo, 5 September 2008）。

(25) ローマ規定前文。

(26) 東京裁判の専門家である某大学教授と著者とのインタビューより（Tokyo, 5 September 2008）。

(27) 麻生太郎、２００７年４月13日参議院本会議議事録。

(28) 両国のアプローチの比較については、鈴木（２００８）参照。

(29) 「国際法違反の犯罪を問う刑法」のテキストは〈http://www.dw.de/popups/pdf/1109851/code-of-crimes-against-international-lawpdf.pdf〉を参照（２０１４年３月25日アクセス）。

(30) 後者の概念については、Meierhenrich and Ko（2009：18）が、日本政府が示した（東京裁判での）帝国軍司令官らの処置が想起される「上官命令の責任の規定に対する明白な不信」について指摘している。

(31) 韓国は、アジア地域のＩＣＣ加盟18ヶ国の一つであり、すでに２００２年に加盟している。

(32) 韓国政府もこの状況を快く思っていないが、裁判官の判決に意義を唱えられる立場ではなかった。２０１２年に韓国最高裁判所は、個人請求権が消滅していないと判決した（The Asahi Shimbun ２０１３年８月10日）。

(33) ローマ規定第79条。

(34) Coalition for the International Criminal Court（国際刑事裁判所を求めるＮＧＯ連合）、公正で効果的な独立裁判所による被害者信託預金〈http://www.iccnow.org/?modDtrustfund〉（２０１４年６月６日アクセス）。

(35) 同額の３分の２は、性またはジェンダーに関する暴力の被害者救済に充当される。日本外務省（２０１４年５月７日アクセス）、国際刑事裁判所（ＩＣＣ）の被害者信託預金（ＴＦＶ）への日本の貢献については〈http://www.mofa.go.jp/press/release/press22e_000022.html〉（英語）または〈http://www.mofa.go.jp/mofaj/press/release/press22_000048.html〉（日本語）を参照（２０１４年６月５日アクセス）。

第4章 「カミカゼ」の記憶論争と特別攻撃隊員の自己表現にみるアイデンティティ

ファン・デル・ドゥース 石川 瑠璃

「過去は異国。彼の地では、彼らのやり方がある」（L. P. Hartley 1953：1）

1　はじめに

記憶を辿る時、人は事実と虚構の狭間で格闘する。小説『恋を覗く少年』（Hartley 1953）の主人公「レオ」や、『遠い山並みの光』（Ishiguro 1982）の主人公「或る女」は、過去を振り返る時、自分の思考にあった事実だけを選択して記憶を構築する。現在の自分と過去の世界の事象や人びととの間に距離を置いて、過去を回想しながら語るうちに、事実の基準点がずれていく。同じエピソードも強調する部分が異なれば記憶の展開も異なり、次第に多様なバージョンの記憶が生まれ出る。やがて人生の終盤で「レオ」は過去と向き合い自己を取り戻すが、「或る女」は事実や自分の名前とさえ関係を断ったまま、自ら築いた記憶の世界に埋もれていく。なぜ私たちは「過去との距離」を置くのか。それは、記憶が喜びや懐かしさだけでなく、痛みを与えるからだ。記憶の底にある事柄が感情を乱す時、それから距離を置き、解離することで人の心理は自己防衛を行う（Douglas & Marmar 2002）。しかし、過去や自分のルーツの否認は自己保存を脅かし、アイデンティティが危ぶまれる。その為、「不安材料となる変化」に対抗して「現在の自分と過去の一片との間の絆」に固執し、「継続」を確保しようとしたり、逆に「喪失してしまったもの」については「断たれた関係」を強調してさらに遠ざけようとしたりする（Atia and Davies 2010：184）。

ノスタルジアもまた、事実を編集したり、好ましい枠組みにあてはめたりすることで歴史的記憶を形づくるものだ（Hodgins 2004）。時間的、空間的、社会的、心理的な距離は、ことばの使い方に現れ（Brown 1995）、分析すればその人が事象をどのような視点から観察しているかが浮き彫りになる（Filmore 1971）。ある人がその時点でアクセスできる情報や、その人の視点次第で記憶の内容が決定されるので、同じ事象が無限の数の記憶を引き起こすことは可能だ。英語でＫＡＭＩＫＡＺＥとして知られるようになった特攻隊員たちの記憶が数々生み出され、ありとあらゆるアイデンティティが与えられてきた背景には、特攻隊員を想起する人の「視点」が関与している。記憶論争は、事実以上に視点の論争でもある。

戦争に終止符を打つためにも、特攻隊員たちの記憶、ひいては日本の戦争の記憶を論ずる上で、証拠資料に基づいた研究が必要なのは明らかだ。そこで、カミカゼの記憶論争において「与えられたアイデンティティ」について調査し、第二人称や第三人称の視点から「彼らは誰か」を叙述したものと、本人たち直筆の書簡にみられる「私は誰か」という自己表現とを分析し、比較検討した。類似点や相違点を文脈に照らし、各世代の教育・訓練の背景ほか社会認知的条件付けを吟味しながら、カミカゼの記憶論争を解く鍵を探った。

本論説は５部構成とし、第2節では「カミカゼ」論争における集合的および個人的記憶の代表的なものを紹介する。第3節では、特攻隊員たち直筆の書簡を用いた実証的研究結果を報告する。薄紙を剥がす様に、テキスト、社会的表象、社会的慣習といった多元的なコミュニケーションの層を分析し、たとえば、社会的な表象として、特攻隊員像が異なる時代や文脈によってどう描写・解釈されているか、表現・伝達方法における社会的慣習の影響をどう受けているか、を解き明かしながら自己表現と他己表現の差異を考察する。統合的な定性・定量分析手法を用いて書簡のディスコースに含まれるテーマを掬い出していくと、最も顕著に現れたテーマは「ふるさと」と密接につながったアイデンティティだった。また、「敵」の明確な概念や戦闘的な表現が極端に少ないという特質も明らかにしていく。続く第4節では、書簡と当時の教育体制の関係を考察する。大日本帝国の家族国家イデオロギーや思想戦（西尾 1943; Kushner 2006）において中核的な位置を占めたとされる教育体制は、特攻隊員たちの世代やそれより少し若い世代に影響を与え、国内で「カミカゼ」の記憶の構築にも関与したが、第一人称と第二人称の視点から語られるアイデンティティの相違について検証する。そして、第5節では、インターネットやソーシャルメディアにも見られるように、「カミカゼ」にまつわるディスコースの連想と同化（assimilation & association）プロセスによって、その概念が乱用されながら伝播、拡散するリスクについて考察する。

以下、特攻隊の記憶を文脈に根ざして考察し、証拠に基づいた特攻隊の集団的および個人的アイデンティティの再考に向けて一次資料の見直しを提唱していきたい。これより、神風特攻隊の本人の自己表現については「特攻隊員」の、とし、彼らに他己が与えたアイデンティティは、国内外を問わず「カミカゼ」の、と片仮名表記にする。

2　彼らは誰か？　特別攻撃隊員にまつわる記憶論争

英語になったＫＡＭＩＫＡＺＥ（カミカゼ）という単語は、今日のインターネット上で幅広く狂信的、自殺的行為と関連づけられている。簡単なキーワード検索でも何百万件の検索結果が返される。それらは、自分で招いた災難から、アメフトクラブのモットー、ラブコメ漫画、軽いジョークや多様な団体のリクルート広告などはもとより、シリア軍など戦争関連の報道（Mahmood and Booth 2013）もある。最近では２０１５年夏公開の「マッドマックス　怒りのデス・ロード」の「カミ・クレイジー・キッズ」（Truitt 2015）が海外メディアで大きく取り上げられた。

「カミカゼ」の意味については、とかく誤解が多い。日本語の神風の語源は、13世紀の蒙古軍襲来の際、台風が起こり敵船が沈没したことを、神が風を送って敵の侵略から日本を守ったとした伝説に由来する。それにちなんで海軍特攻隊の航空部隊が神風と命名された。飛行士たちは神の御意を全うするとして、伝説的、宗教的な意味合いも添えられた。しかし、英語では、爆弾を搭載した戦闘機や魚雷艇など、数々の手段での自殺的攻撃の上位語になっている。これは、本来の日本語の固有名詞の誤用にほかならない。一般的表現は、「特攻隊」で、「神風（かみかぜ、正式にはしんぷう）は、第日本帝国海軍航空隊の特定の隊の名称だ。陸軍の航空隊は、「振武隊」だ。それらが英語では十把一絡げの「カミカゼ」となり、主体があやふやになったことも記憶論争の要因だろう。

国際語になったカミカゼは、日本語の元の意味から離れて独り歩きしている。今では「インターネット・ミーム」にもなって、語の使用者により意味合いも使用法も増補されていく。たとえば、２０１４年ワールドカップ、ブラジル対クロアチアの試合で、日本人審判がブラジルに出したペナルティーに辛辣な批判が集まった際、「日本人レフリー、ブラジルのためにカミカゼ死」（FOCUS Online 2014）という見出しのニュースが飛び交った。開催国ブラジルに義理立てして自ら審判生命を断ったというわけだ。また、英国で人気の「落ち着いて、いざカミカゼ！」というポスターなどには、突撃を意味する動詞としても使われている（Keep Calm Network Ltd n. d.）。

ミームは、ことばや視覚的な連想でも伝播していく。写真やイラストを使いながら「カミカゼパイロットはなんでヘルメット被ってんの？」[1]（Adams 1994; jimikelso 2012; Soniak 2013）というジョーク談義もあって、10年以上前からネット上で廃れてはまた流行り、その度に新たなイメージや意味合いが付け加えられている。ミームはＳＮＳで「いいね！」を呼び、世界的に即時に共有され、Youtube 上だけでも、「カミカゼ」をテーマにしたビデオの数は２７００万件を超える（２０１４年６月現在）。その大半が特攻隊員自身にまつわる史実とは直接関係がないにもかかわらず、投稿者や投稿時の文脈、人、時間などに特定して連想される意味合いを取り込みながら、新たな「カミカゼ・アイデンティティ」が増殖し続けている。

日本では、2013年封切りの宮崎駿の「風立ちぬ」と百田尚樹の「永遠の0」がリバイバル人気の発端と言われている。どちらも、日本の「国際競争力が落ち、低迷している」中で、多くの人に「『日本も捨てたもんじゃない』と思える何かを求める気持ちが強い」（柳田インタビュー2013）ことが人気の理由だろう。映画と言えば、カミカゼをテーマとしたファンサブ（アニメなどにファンが字幕をつけたもの）も各国の言語でネットにどんどんアップロードされている。情報共有は、合法・違法を問わず、止まらぬ勢いだ。韓国の新聞ハンキョレは、カミカゼ関係の娯楽本やゲーム、戦艦や戦闘機のプラモデルの人気について「ゼロ戦は飛行距離と速度を極端に引き上げるために、薄い鋼板を使うなど操縦士の生命と安全を軽視した機体だった」ことを挙げて、「盲目的な郷愁は危険だ」と批判している（キル2014）。

しかし、カミカゼ・テーマの人気が自殺行為的な使命の正当化と直結しているわけではない。実際、日本語のSNSでも活発な討論が交わされ[2]、多くがリバイバル人気とSNSがもたらす国際関係への影響について、今日の「作られたカミカゼ記憶」と歴史解釈が国際紛争の源になることを懸念している。それではなぜ、特攻隊員についてあえて記憶するのだろうか。

■忘れないで、が醸す物議

ある20歳の特攻隊員は、手記にこう残している。「兄よ、ラヂヲが鳴る度に俺を思い出してくれ」。現在、「カミカゼ」の記憶が論じられる時、彼らの「忘れないで」というメッセージについて言及され、本人の視点から彼らの記憶が語られているだろうか。

「彼らの記憶」はもっぱら第二、第三人称の視点からのものだ。戦後70年、過激派、狂信者、殉教者、自己犠牲で名誉ある行為を全うした英雄、全体主義政府に洗脳された若い犠牲者、とさまざまに特徴づけられてきた。今日の「日本株式会社」のワーカホリックの青写真とも言われている。国際語として「カミカゼ」という単語自体が、先の戦争における加害者と犠牲者双方の立場から見た日本の責任を想起させ、東アジアにおける日本の戦争の記憶と複雑に絡み、現在の日本のイメージにも反影されている。

ここで簡単に、カミカゼの記憶の特徴について、国際的な日本の戦争の記憶の特徴をまとめたDower の説（2012：112）に照らし合せて考察してみよう。(1)否認、(2)道徳的（もしくは非道徳的）な比較対象の喚起、(3)犠牲者意識、(4)日本の戦争犯罪の米日間の相互的な浄化、(5)罪と責任を認知する大衆のディスコースの5種類を検証する。

カミカゼの記憶に関する論議は、2014年に尖閣（釣魚）諸島の領地問題や安倍内閣の靖国神社参拝問題のさなか、南鹿児島市が知覧平和祈念館の「カミカゼ（ママ）」兵士らの遺品や家族に宛てた最後の手紙をユネスコ世界記憶遺産に申請したことで、新たに火がついた。中国や韓国も慰安婦に関する資料で申請し、学際でも、メディアでも、知覧の手紙や遺品を世界遺産として申請する事自体が、大日本帝国の戦間期の行為を正当化する物かどうかに始まり、日本政府の東アジアにおける戦争記憶の扱い方を巡った激しい論争が交わされた。そしてユネスコ日本支部により、多様な視点を十分に代表するものというユネスコの基準を満たさないとして、申請は6月17日に却下された。

申請を支持する側は、戦没者に敬意を払って記憶に留めることが、直接戦争の残虐さを正当化することにはつながらないと説明した（知覧特攻平和記念館ホームページ 2014）。しかし、反対する側は、その論理を太平洋戦争における日本の戦争責任を否定することに値するとし、自殺攻撃のみならず、未解決の朝鮮人強制労働問題や慰安婦問題、および南京大虐殺問題などと関連づけられると主張した。すなわち、カミカゼの記憶が国家を軸にして扱われているのだ。そして、個人の記憶は無視されるか日本の戦争責任を弾糾する国際的な集合記憶の中に取り込まれてしまっている。日本の戦争責任問題が、カミカゼと称される人びと全員のアイデンティティと彼らの直筆の手紙の内容とに重ねられ、同一視されている。

知覧申請の直後、インターネットは批判で溢れた。ある英文の記事は、申請を「理性と世論に逆らう行為(flying in the face of reason)」と糾弾し、「第二次世界大戦のカミカゼパイロットを賛美しようと試みた日本による人類の恒久的価値観を侵害する恥知らずな行為」で、「第二次世界大戦の悲劇の一つは、日本の狂信的なファシストたちが若いパイロットたちを駆り立てて米国戦艦を自殺行為で攻撃させたことだ」と報道した。そこでは、「カミカゼ攻撃とは、気違い沙汰の無謀な行動を意味するようになった」として、「カミカゼ」の集合記憶が形成されている。申請が国をあげての国粋主義的運動と書かれており、日本国内でいかに、特攻隊に関する多彩な論議があるかについては、一切ふれていない(以上、Zongduo 2014)。要するに、国際的なカミカゼの記憶では、日本の戦争責任に関する論争が特攻隊の個人の記憶を覆い隠してしまい、「狂気、無謀」と「日本の忠義と仇討ちのサムライ精神に則った偶像崇拝の対象」といったアイデンティティが与えられている。海外の道徳的・非道徳的な対象と比較して、特攻隊員たちは軽卒で戦闘を好む性質であり、意思決定能力に欠けていたとされている。このようなカミカゼ・イメージが先行して、ユネスコ申請を背景に彼らが遺した手紙さえ、「国際的モラルに反するものにちがいない」という憶測の報道が後を断たない。

知覧特攻平和祈念館のコレクションの信憑性に対する根深い猜疑もあるようだ。たとえば「カミカゼの直筆には間違いなくとも、本人らの思考はまるで反影されていない……帝国軍の行動規律規範と周囲の圧力から……若いパイロットたちは、家族親戚の命に危害を与えられるのを恐れて、自分たちの苦悩や疑い、懸念などを決してことばに表現できなかった」（Zongduo 2014）という見解は、ダウワーの言うところの「被害者意識」を想定しながら、体制順応型で、感情を抑圧・統制されたカミカゼというアイデンティティを押し付けた意見であり、証拠がないまま「手紙の内容もそうに違いない」と仮定し、報道されている。「強制されて書いた遺書」（Ohnuki-Tierney 2004）ほか特攻隊員らに対する検閲や心理的圧力もあっただろうが、彼らが書いたものがすべて検閲されたわけではないというのもまた事実なのだ。カミカゼの手紙に関する研究の大半は、記念館の展示物や出版物に限定された資料に基づく思弁的アプローチを取っているため、手紙自体の全容は定かでない。

ここで気をつけたいのは、研究資料として展示品が何を表しているのかという点だ。資料館等が展示を行う場合、あるテーマに沿って展示品を選択し、一般入館者にテーマの筋書きがわかりやすいよう資料を陳列する。展示用に選択されなかった資料の特質は明らかにされない。そのため、展示品の研究は展示テーマの研究であって、手紙という資料全体の特質を考察するものではないことに留意したい。

さて、英語圏メディアのうち、いわゆる「正統派（orthodoxy）」が報道する日本の戦争記憶には2種類ある。「国家を軸とした」したアプローチで、「日本政府の公的なナラティブに焦点を当てた」ものと、「文化決定論主義」的アプローチで、個人の見解が集団全体にも当てはまると決めつけ、「日本の集団社会が持つ体制に順応する傾向」を批判するものだ（以上、Seaton 2007a: 2-3）。カミカゼのイメージはこのように国際的に造られ、伝播され、根付いてゆき、「侵略者日本」という図式に特攻隊の記憶を重ねることで概ね統一されている。それに対して日本国内の一般社会では、日本の戦争記憶においてカミカゼをどう位置づけるかについて、日本の戦争行為と意図の倫理性をめぐる多様な世論を反影しつつ、大きな物議を醸してきた。

世論では、戦時下日本の侵略的行為について一定のコンセンサスはあるものの、戦争の意図については、意見が真っ二つに分かれる。進歩主義派は、戦時下日本の行為を侵略の意図をもって行った侵略戦争と唱え、1974年の国連総会決議3314に規定された平和に対する犯罪（小川 2014：52）として、特攻隊を国家の国民に対する犯罪の象徴的な例だとする。これは、大衆による「戦争の罪と責任の認知のディスコース」と「犠牲者意識」（Dower 2012：112）とが相まったものだろう。その点で、日本国内のナショナリストたちは、一貫して「否認」（Dower 2012：112）の姿勢を崩さない。百歩譲っても、複雑な国際的・歴史的・政治的理由から必要に迫られた行動だとし、特攻はあくまでも不可避であり、栄誉ある国家精神の表れだとする（安倍 2006：107）。

では、思想戦という名の下に教育とプロパガンダを通じて若い人たちを動員した責任はどうか。日本の教職員組合は、1950年代からこの問題に取り組んできたが、教室におけるナショナリズムに対抗する連帯は、1990年代から攻撃され浸食されてきた。1950年代から60年代にかけて「勝ち組」の世界大戦軍記ものの漫画が流行ったように（Nakar 2003）、特攻隊を英雄とする物語が人気を博し、昨今新たな国内の集合的記憶が台頭してきている。加えて、法的概念の適用の難しさが論争を激化させている。ナショナリストは、日本の「侵略戦争」を認める判決を下したのは、1974年の国連総会決議ではなく、1946年の極東国際軍事裁判であり、これは「事後法」の適用で「勝者の裁き」にほかならないとして、責任を否認する立場を支持している（本書第3章を参照）。また、「勝者」による虐待だという見方もある。極東国際軍事裁判における「日本の戦争犯罪の浄化を日米が相互的に行った」（Dower 2012）とする研究者らは、A級戦犯と特攻隊戦没者の合祀が、戦争犯罪浄化プロセスの一部ではないかと論じている（坂口 2005：15-16）。

■靖国神社

さて、知覧申請は、世界のメディアから歴史修正主義の一貫として扱われ、靖国神社の遊就館と関連づけながら報道された。遊就館の手紙の展示は、ゆがめられた歴史描写で戦争を美化するナショナリストのプロパガンダ（O'Dwyer 2010）であり、国際社会で責任ある進歩的な日本の姿に相反するという批判も多い。遊就館が「史実の否認」（Dower 2012）をしているという見方は、特攻隊の書簡の内容もそうに違いないという考え方につながり、「カミカゼ」の手紙は帝国主義、軍国主義、国粋主義のプロパガンダである、という図式が定着した。また、展示物について普通の若者に降り掛かった悲劇が手紙から読み取れ、読者は激しい感情に揺さぶられて英雄たちへの「深い感謝」を覚えるように作られている「感情経済（affective economy）」だとする見解（Sakamoto 2014）もある。そういった感情は、しかし、言語文化を超えては伝わりにくい。

国内の反応を見ると、神社の戦争と日本社会における役割について世論が分かれている。国際世論も巻込んだ多様な見解がある中、日本政府は戦争記憶と政治家の靖国神社参拝に係る公的見解について慎重にならざるを得ない。国政と宗教の分離は日本国憲法に明記されており、アジア地域の国際関係の現状を踏まえて、参拝を「自粛」すべきという声もあれば、国際的な靖国問題への介入が宗教の自由を侵害する（Okuyama 2009）という見方もある。２０１４年1月の調査では、国民の46％が安倍総理は靖国神社参拝をすべきでなかったと回答し、41％は参拝を支持している。中国、韓国、米国、およびロシアの批判に耳を傾けるべきという回答が51％で、傾けるべきではないと答えたのが40％、9％がどちらとも言えないと答えた。反対した回答者のうち、80％は国際的な批判に対する懸念を表している（朝日新聞２０１４）。一般市民の見解は、「国家宗教」の議論や戦争責任問題を含む国際政治から離れて、人としての敬意を戦死者に払うべきと考え、戦死者に関する集合的記憶と個人的記憶を別個にとらえたいということだった。では、戦争の記憶を考える場とはどこだろうか。

■戦争記念資料館

戦争記念資料館は、史実を展示することで、来訪者に戦争の記憶について考える機会を提供できるが（Yoshida 2007, 2013）、戦時下日本の侵略行為を認知しない「戦争」記念館と位置づけられるものと、侵略行為を明確に認める「平和」記念館と位置づけられるものとの二種類に分かれるとされる（Jeans 2005）。特攻隊の書簡を展示する二大資料館は、海外のメディアでは一般に前者の部類とされているため、展示文書も自動的に戦争責任の「否認」、もしくは「犠牲者意識」を増長するものだと決めつけらやすい。一般の日本人には、特攻隊員の手紙の内容を直接日本語で理解できるので、内容と文脈の理解は、日本語が堪能でない人びとに比べて遥かにたやすい。手紙が書かれた歴史社会的背景の情報にもアクセスしやすく、文脈を考慮しながら、細かなニュアンスや言外の意味も理解しつつ、手紙文のディスコースを深く味わうことができる。必要に応じて展示設定など特定の枠組みにはめられた文脈から離れて、特攻隊員一人ひとりの記憶そのものを読み取ることもできる。もちろん、読み手の解釈は特定の展示設定に左右されやすく、そこに書いてあることより、展示の演出自体が手紙の印象になってしまうことも少なくない。知覧や遊就館は、テーマ別のデザイン・コンセプトを採用している。もしもテーマが「国を守るための兵士の自己犠牲」であれば、それに関連する手記・書簡をコレクションから選別してしかるべく陳列され、テーマに即した「好ましいディスコース」（Fairclough 1989）を表すように展示される。記念資料館のデザインコンセプトを追求した結果が、集合的記憶のゲシュタルトを形成することになる。ごく普通の手紙にみられる日々の取るに足りない出来事の報告や、戦局や情勢の賛否にかかわる強い感情表現が展示に見当たらない（Sakamoto 2014）のは、意図的かもしれないが、反面、テーマ別展示とは自ずと視野が限定されるものであり、特定の見解が展示物から浮かび上がるという展示デザインの手法が為す当然の結果かもしれない。つまり、特攻隊員の手紙がいかに展示されているかということと、現存する膨大な数の特攻隊員たちの手紙全体の内容とは、別個に研究されるべき問題なのだ。

手紙を読む時、エンパシー（自己移入）があるとないとでは、解釈が大きく異なる。それには特定の言語文化に関する非常に複雑な社会的知識と経験が要求される。たとえばある研究者は、フランス人の血が流れるカミカゼパイロットの手紙について、「どんなにか強いプレッシャーを感じて、特攻隊に志願することで自分が100％日本人だということを証明しようとしたのだろう」（Jeans 2005：155）と自己移入しながら特攻隊員の思いを述べている。それとは対照的に、知覧平和祈念館の展示が「嘘で固めた理想や甘ったるい人工甘味料のような詩の展示」（Buruma 1994：227）と叩いた研究もある。後者の「人工甘味料」という表現には、特攻隊員の手紙が作為的に作られたものだという思い込みが伺われる。その批評家にとっては、特攻隊員の詩的な文章が稚拙に見えたのかもしれないが、もしそれが若い人たちの心を込めて書いた詩文だと証明されたら、書簡は「作為的」ではない。やはり、「カミカゼ」もしくは「特攻隊員」の手紙のテキスト自体を精査する必要性は明らかだ。

さて、読み手の社会文化的背景は、特攻隊員の手記の解釈を左右するのだろうか。ここで、2つの文を比較してみよう。ある特攻隊員はこう綴っている。

「お母さん……私も願叶って出撃出来る様になりました　これが最後です……何処に居ても　お母さんの事は忘れたことはありません……隊長よりの言が耳の底に残って居ります……『……国家の興亡を一身に受けて戦ふ』と……お母さん　喜んで下さい　私もやっと一人前の人間になれる時が来たのです……私の忘れられぬ様に私はいつもお母さんの心の中に咲いて居ることと思ひます、自分も面白く愉快な人間だったと想って居ります……お母さん　優しい笑顔を心の中に画いて敵艦に突入します……」(3)。

別の詩をみてみよう。

「兄弟のようにすがりあった、手紙を書くと母に約束した、共に倒れ行くんだ、そう、共に逝くんだ、忘れないで欲しい、子ども時代は置いて来た、誰が悪いのか? 誰が正しいのか? 闘いの真っただ中じゃ関係なかった」。

同じメッセージが、次の詩にもみられる。

「炎の結末を迎えるなら、共に焼かれて逝こう、今宵死ぬ運命なら、共に死んで行こう、最期の杯を掲げ、父の名を叫ぶ、出撃の位置につけ」。

実は、右の文のうち、2つ目はビリー・ジョエルの1983年ヒット曲「グッドナイト・サイゴン」[4]で、3つ目は、2013~14年国際的に大ヒットし、Youtubeだけでも1億2000万回以上の閲覧があった(2015年7月1日現在)「ホビット」シリーズ二作目の主題歌であるエド・シーランの「アイ・シー・ファイア」[5]だ。

アメリカ人にとって、ベトナム戦争の戦没者、帰還兵の思いを描いた歌は、社会文化的な背景から心に響く。それが、前者の全米ヒットにつながったのかもしれない。他方、ホビットは人間ではないため、特定の国籍や人種を連想させず、世界各地の人びとがホビットの思いに自分を重ねて自己移入しやすい。その普遍性がエンパシーを促したことも世界的ヒットの要因だろう。このことからわかるのは、記憶論争における文脈とエビデンスの精査の重要性だ。戦争記念資料館という展示や歴史的背景という幾重にも折り重なった文脈の層を精査してこそ、初めて特攻隊員のアイデンティティを探ることができる。

■手紙の特徴づけ

これまで「カミカゼ」の集団記憶について話して来たが、個人記憶はどうか。特攻隊の3分の2を占める若い下士官たちの記録と手紙を調査したある研究によると直筆の手紙の中に戦闘を好む表現や憎しみの表現がまったくなかったという。そして文からは、(1)自分の死は国と国民を守るためという理由付け、(2)「国」のために死ぬ事が、両親、とくに母親に対する孝行だという信念、(3)特攻隊員として同じ運命を共にする仲間との強い連帯感、(4)責任感と卑怯さを蔑視、(5)敵の確固たるイメージの欠乏、という5つの特徴が浮かび上がった（Tanaka 2005）。「自分」の概念が当時特攻隊員たちが暮した社会と直結していたことを示し、そのつながりこそが、彼ら自身のアイデンティティを築くものだと示唆している。それこそが、現在のカミカゼにまつわる記憶論争の成り立ちを理解する鍵になる。

さて、シートン（Seaton 2007b）によると、家庭、家族、友達、そして『ふるさと』にかかわる事柄は日本の戦争記憶に影響し、『家族と地域のアイデンティティは、文化的記憶の進化と戦争の記念』に作用する。「ふるさと」という概念は、感情的で郷愁に満ちた多彩な連想を抱合しながら、国民を統合するために政治的に利用されて来た（Robertson 1988）。すなわち、「ふるさと」という概念と「カミカゼの記憶」との操作から、さまざまなナショナリズムの記憶が作り出されてきたわけだ。逆に、家への郷愁には普遍的な訴求力がある。個人的な経験はさまざまでも、「家庭」や「自分」という基本的概念は、あらゆる個人的記憶において世界共通に理解・経験できるものだ。実際、特攻隊員の中には、日本人だけでなく当時の朝鮮人も含まれていた。

パク・ドンフン少尉は、帝国陸軍振武隊の特攻隊員として、17才で決死を覚悟に飛び立った。他方、ノ・ヨンウ少尉は、B29編隊の奇襲通知を受けて出撃し、自ら敵機に突っ込んで戦死し、軍神と崇められた。これらは、帝国軍が語る個人の記憶の一説だ。しかし、パク少尉は、陸軍の上司から責任をもって家族の面倒を見ると約束され、涙を呑んで特攻使命を受けたという。また、隊員の家族はどう感じただろうか。ノ少尉の母親は、息子がどこか異国で生きていると信じながら、1988年に他界した。実は、少尉は脱出に成功したもののパラシュートが開かず死亡していた。そして2005年に遺骨が実妹に返還された際、遺品と共に初めて兄の死にまつわる事実が明らかになった。軍服の胸ポケットには、「妹より」としたためられた小さな紙切れがあった。誰ひとり知らなかった少尉の恋人ではなかったか（キル2010）。

このように、「カミカゼ」たち一人ひとりが、大きな集合的記憶と個人的記憶を同時に構成している。国を軸にしたアイデンティティと、個人を軸にしたアイデンティティの双方を同時に兼ね備えており、だからこそ集合的記憶と個人的記憶を多元的な角度からつなぎ会わせることが必要なのだ（Olick 1999）。考察の焦点を国と個人との間で移行させつつ、記憶論争の中で彼らのアイデンティティを再検討するため、記憶を構成する要素や視点を明らかにし、特定の要因と照合し分析することが望まれる。

■与えられたアイデンティティの仮説

さて、ここまでの考察をまとめると、「カミカゼに与えられたアイデンティティ」の仮説は、次のように特徴づけられる。

1．自己に関する意思決定能力の欠損。地位や権威の低さから意思決定権を欠き、強制されて自爆攻撃を行った。
2．知的判断能力の低さと精神的な弱さ。ナイーブで洗脳されやすく、盲目的に体制に順応するよう教育されていた。
3．宗教的背景。過激派。狂信的な神道信者。天皇崇拝者。

以上からとくに海外では、「カミカゼ」の書状が次のような特徴を呈すると想定されている。

4(a) 敵への悪意や憎しみを含んだ攻撃的表現。

4(b) 皇国主義、軍国主義、超国家主義などイデオロギーを反映した表現。

4(c) そして(a)と(b)を用いた自己の表現。

これら1～4(c)の仮説の真偽について、以下、特攻隊員直筆の書状の膨大な資料を元に実証的に分析する。

3 過去――「私」について

特攻による戦死者数は未だ確定されていないが、特攻隊戦没者慰霊平和祈念協会が収集した記録（2008）に基づくと、陸軍と海軍を合わせた特攻隊員の総数は約6000名と推定される。帝国海軍特別攻撃隊の公式総戦没者数は4156名で、その内、回天（人間魚雷）、震洋、甲標的がそれぞれ104名、1081名、440名を占め、2531名が神風隊飛行隊、いわゆる「カミカゼ」部隊に所属していた。今回の分析で、神風特攻隊戦没者総数に対し統計学的に見て信頼区間95%、危険率5%の精度で解析を行うために必要な書簡数は332書簡で、回天ほかすべての帝国海軍特攻戦没者を含めた場合でも342だった。この研究では、いわゆる「近江資料」から828通の文書を無作為抽出し、そこに含まれる手紙181通、はがき118通、詩句80点、総計379文書を分析対象とした。神風特攻隊員各自の人物像を描くにあたり、戦死時年齢、出身校、および宗教属性を調べ、次に語彙の出現頻度と分布を分析し、語彙の意味的ネットワークを探って文書の内容を解析した。

■人口統計学的側面

人口統計学的要素の集計結果と内容分析から数々の亜集団が見いだされた反面、読解力と言語学的内容は均一だった。

(1) 年齢層分布

戦没時の年齢に関する各種統計量を図表1に示す。

特攻隊員の年齢範囲は15才から39才まで、平均年齢は20・9才で、標準偏差は2・87年であり、22才以下の隊員が75％を占めていた。最頻年齢は19才であり、平均、中央値、最頻値の間の差と歪は、年齢の分布が若い方に偏っていることを示す。先述の仮説1について、特攻隊員の大半は士官になるには若すぎるものの、思春期を過ぎているので、個人レベルでの意志決定を行うに十分な年齢と見なせる。この結果より、「与えられたアイデンティティ」仮説1は棄却された。

図表1　年齢分布

平均年齢	20.9才
標準偏差	2.872年
年齢範囲	15～39才
中央値	20才
最頻値	19才

(2) 解析対象神風特攻隊員の出身校

神風特攻隊員の出身はさまざまだが、予科練出身者が62％、海軍学校普通科が5・6％、海軍兵学校が7・1％、学徒、すなわち大学・高等専門学校・師範学校の出身者が22・6％、残る2・6％について記録はなかった。兵学校出身者は然るべき教育訓練を受けたエリートだが、1943年に学徒出陣令が発令された時点で、帝国海軍は熟練戦闘機パイロットの大半をミッドウェイやソロモン諸島などの戦闘で失っており、終戦の年になると、指導員・資源・人員などの著しい不足から、神風特攻隊員の多くは出撃の日まで最小限の訓練しか受けていない。たとえば、予科練の訓練期間はわずか1年で、それさえもやがて6ヶ月にまで短縮されている（高橋2013：76）。その為、離着陸が出来る程度の訓練しか受けていない予科練出身兵が乗った特攻機を標的艦付近まで誘導・護衛する役割が熟練飛行士に与えられた。「特攻は使い捨て」という戦争の記憶は、ここに起因しているのだろう。

さらに、出身校と年齢分布も文書の内容に影響しうる。予科練出身飛行士が19～20才と四集団の内で最も若かった。普通科出身者と予科練出身者では平均値と最頻値に差が見られる。実際は、低年齢層に偏っていたことを反映している。全体的には、神風特攻隊員の大半が戦没時に20才もしくはそれ未満だったことを示している。

特攻隊員の書簡の時系列は、甲標的による初の特別攻撃隊が編成された1941年11月11日から1945年8月15日の日本の無条件件降伏までを含む。この期間中、文書数は1945年の3月と4月に著しく増加した。これは、多大な死者を出した沖縄戦が行われた時期に重なり、この戦いの記憶は、沖縄県民のアイデンティティにまつわる政治、国際的、社会的な文脈において脈脈と受け継がれてきた（本書第2章を参照）。

さらに詳しく調べると、この時期の書簡を遺した特攻隊員たちの最頻値を見ると、その大半が20才で、隊員達は多岐にわたる学歴をもつ若者達であり、仮説2で想定されている「教育程度が低く、世間知らずで、洗脳された」均一集団という見解を払拭するものだ。

年齢は社会認知学的文脈を提供するため、後の第4節で言及するディスコース分析において非常に重要な情報となる。また、カミカゼ論議はしばしば靖国参拝問題に関連して提起されているため、隊員の宗教的属性も可及的に調べた。

(3) 宗教属性

神風特攻隊員の遺族に戦没者の遺骨が返還されることはなく、多くは隊員の消息を知らされていなかった。近江一郎が遍路となり日本中の特攻隊戦没者の遺族を訪ね歩いた際に収集された特攻隊戦没者の書簡、遺墨、手記などは復員庁に納められた。後の「近江資料」だ。手記の約80％について隊員の宗教属性を調査・集計し

図表2　文書数の経時的変化および文書数急増期における執筆隊員の年齢の推移

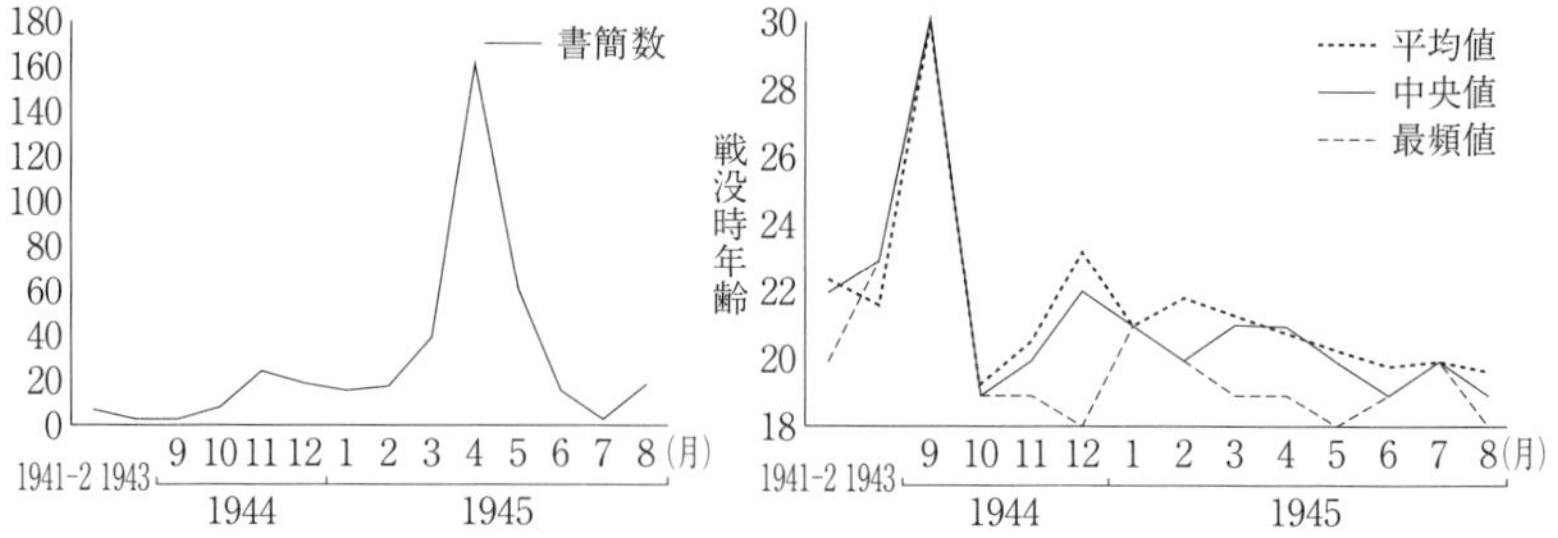

たところ、大多数が諸宗派の仏教で89・64％を占め、神道は9・2％、その他の属性は、天理教0・79％、キリスト教0・44％だった。これは、与えられたアイデンティティの仮説3を覆す結果だった。また、仮説2にある特攻隊員たちと統一された狂信的宗教との相同性も成立しない。むしろ、宗教と文化的シンクレティズムの背景にある社会政治学的および歴史的文脈を考慮する必要性が生じる（Kuroda et al. 1981）.

これまでの結果をまとめると、典型的な特攻隊員は、19才から20才で、高度の訓練を受けた有能な士官でも、熟練した戦闘機操縦士でもなく、むしろ経験の浅い飛行訓練生だった。その傾向はとくに、１９４４年10月から１９４５年8月までの終戦直前の時期に顕著で、彼らの大多数は仏教者として弔われている。後にこれらの結果を踏まえて行った定性的分析についても説明するが、その前に書簡のテキストにみられる特性を統計学的に究明する。

■神風特攻隊の書簡の統計学的特徴

テキストの内容について概観するため、立命館大学産業社会学部樋口耕一准教授作製のKH Coderを用いて共起ネットワーク分析を行った。解析用コーパスは、近代の論説文を用い、明治時代から昭和初期までの日本語に対応している国立国語研究所コーパス開発センターの近代文語UnDicを使用した。名詞、動詞、助詞等、文章中の全品詞を抽出した上で、5文書以上

図表3　共起ネットワーク

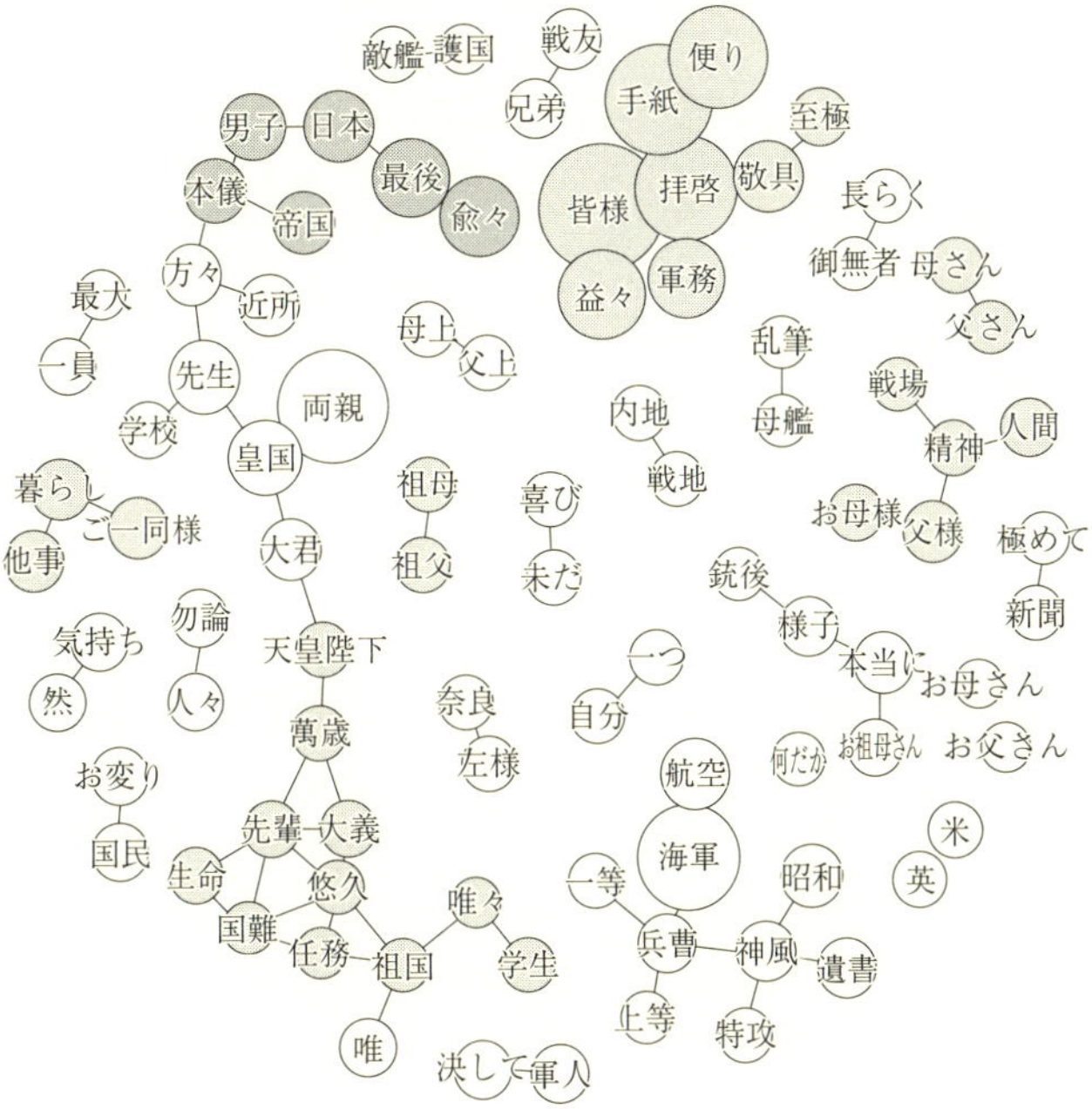

(全体の1・33%)に出現している語を分類し、内容分析に利用した。その結果を説明しよう。

共起ネットワーク分析では、語彙を「サブグラフ」に分類するとともに、出現頻度を円の大きさで表し、関連性の強さを円と円をつなぐ線の太さで示す。たとえば、社会制度を表現する白い円で描かれた意味論グループでは、淡いグレーの円で構成された「皇国」グループの「大君」ということばと濃いグレーの円で構成された別グループの「天皇陛下」との関連性が強い。図全体をネットワークと考え、出てくる語は結節点(ノード)になっている。語彙間のみならず、語彙のサブグラフやグループ間のつながりも表している。さて、「大君」と「天皇陛下」は二つのグループをつないでいるが、それぞれの円はかなり小さいため、出現頻度は低い(手紙にあまり出てこない)

ことがわかる。また、皇国主義および社会制度にまつわる語彙グループは、書簡を内容的に特徴づけるものではないことが明らかになった。むしろ定型表現・定例句である可能性が強い。このように、定量分析結果から非常に興味深い事象が浮かび上がった。

もし、与えられたアイデンティティ仮説1〜4が正しいとすれば、特攻隊員の書簡の内容は、「敵もしくは近隣国に対する攻撃性」や「狂信的な宗教上の熱意・熱情」が特徴であるはずだ。しかし、憎悪や怒り、殺意を表す言葉はほんの例外的にしか出てこない。「抹殺」、「殺戮」、「撲滅」などの表現も皆無と言える。唯一の例外が「殺」だが、これは「必殺」の「殺」であって、最大のインパクト、大きな損害、強力な、非常に効果が強いなどの比喩的な強調表現として使用される場合が多い。同じく、好戦的な表現の動詞・形容詞や反社会的感情の表現もまったくと言っていいほど見られていない。「特攻」や「撃沈」といった無機的な表現がわずかにあったが、どれも敵艦ほか敵の機器・武器や、政府・軍など相手の制度を破壊するという意味で、モノに対する攻撃であり、直接人間に対する行為ではない。とくに注目に値するのは、「敵」の概念が漠然とした存在として表現されているという結果だ。皇国主義や軍国主義に関する語彙や形態素はなく、軍国関連語の最上位は「海軍」で、ほかの軍関連語の場合でも、「突撃」「轟沈」など、隊員の日常的な定型句とその変形の数例に過ぎない。「敵」についても、米国および英国を表す語彙は書簡の1％未満で、そのどれもが自衛や家族・故郷を守るという文脈にしか出てこなかった。

中国は特攻隊の戦地ではなかったので、書簡に中国は出現せず、フィリピンと台湾が出てくる。他方、基地の所在や戦地は隊員自身が「〇〇」と書いて、情報を隠すようにしている。宗教に関しては、「信仰のために死ぬ」、「神道の信者」などの表現はなく、日蓮など仏教の宗祖や聖人の名前、または仏の導きで浄土に行くなどの表現が希に出てくる程度だった。靖国神社とその婉曲表現の「九段」は、自分が戦死したら遺体も戻らず墓もないが、墓碑に代わって遺族が訪れ自分を追悼してくれる唯一の場として述べられている。そして頻出上位40語は家族に関連する語彙でほぼ占められ、カミカゼたちは自らの死に際し、主に家族の健康と幸せを願っていた。以上、実証的分析により、与えられたアイデンティティの仮説のうち、該当する2、3、4(a)および4(b)をすべて否定する結果となった。つまり、既存の「カミカゼ・イメージ」を覆す結果だ。これはしかし、次に詳しく解説する特攻隊員らの教育背景からすると、実はさほど不思議なことではないとも言えよう。

■「カミカゼ」イメージと特攻隊員たちの自己表現

次に書簡の全般的な特徴と、特攻隊員らが自らをどのように表現していたかを明らかにするために、出現語彙の意味論的グループ間の相互関係を調べた。まず、頻出語のうち上位340語を意味論に基づいて以下のように18の語彙グループに分類した。括弧内にグループ名を示す。

(1)神道(神道)、(2)皇国主義的表現(天皇)、(3)皇軍に関する表現(皇軍)、(4)隊員の生活環境で使用される軍隊用語(環境)、(5)教育に関する表現(教育)、(6)敵に関する表現(敵)、(7)時勢に関する表現(時勢)、(8)任務や責任に関する表現(使命)、(9)生命に関する表現(生命)、(10)感情の表現(感情)、(11)自然と故郷に関する表現(自然)、(12)理想の青年像に関する表現(理想)、(13)家族に関する表現(家族)、(14)故郷の地域社会に関する表現(出身)、(15)書簡の受取人の安否を気遣う表現(安否)、(16)主観的判断と認知的側面に関する表現(主観)、(17)自己・一人称代名詞および関連する言語学的な要素(自己)、(18)書簡特有の表現(手紙)。

各語彙グループの出現文書率は、「神道」や「皇軍」、または「敵」に関する語彙の出現頻度はそれぞれ11・22%、15・05%、23・21%と低かった反面、「自己」や「家族」に関する語彙の出現頻度は77・55%および76・53%と非常に高い。したがって、与えられたアイデンティティ仮説3および4(a)は棄却される。

図表4　「自己」を特徴付ける説明変数

1．説明変数：感情
2．説明変数：感情；理想
3．説明変数：感情；理想；安否
4．説明変数：感情；理想；安否；使命
5．説明変数：感情；理想；安否；使命；教育
6．説明変数：感情；安否；理想；教育；命；使命

■自己表現および関連概念

次に重回帰分析を使って、特攻隊員の「自己」を示す語彙とそれ以外の語彙グループとの関連性を調べた結果、次の6つのモデルが抽出された。

一人称で記述されたテキストにおけるカミカゼたちの自己表現の輪郭が明確になった。カミカゼの書簡の内容を特徴づけるのは、感情的表現、理想の青年像への関心、そして家族の安否だ。これらに加え、責任、義務、使命が教育・訓練、生活にかかわる諸事項、および自然と故郷の詩的イメージと絡み合い、自己表現を形成していることが判明した。これに基づき、仮説4(c)は成立し得ないことが判明した。

このように、神風特攻隊員自筆の文書を、定量・定性の両分析法を用いた複合的な分析の枠組みで精査したが、次いで、各種の自己表現パターンを二人称ならびに三人称でのカミカゼのディスコースに照合してどのように解釈できるかを質的に探り、ここまで言及した特徴の適切性を評価しよう。

4　カミカゼ・ディスコースと文脈

さて、定量的分析の結果から得た特攻隊員書簡のテキストの特徴を、さらに定性的分析で精査した。分析法には、クリティカル・ディスコース・アナリシス（CDA）の分析体系のうち、ディスコース・ヒストリカル・アプローチを用いた。この手法によると、言語を介したコミュニケーションの総体であるディスコース（言説・談話）とは、言葉を使ってあるものを表現したテキスト自体、次にテキストの作成および内容の伝達や

消費などを含む多様な言語活動の実践の層、そして特定の社会的文脈においてコミュニケーションが実践される層の三次元の層から成るものと考える。分析者はテキストを言語的に叙述し、テキストが作成され内容が伝達された文脈などについて解釈し、さらにテキストや文脈などが統合した総体であるディスコースがいつ、どこで、誰によってどう解釈され、特定のコミュニティで伝播されたかについて、社会的、心理的、歴史・政治的作用を考慮しながら多重な分析を行うものだ。

これらを本研究に当てはめると、特攻隊員の書状（テキストの層）、次に教育・訓練・政策など副テキストにおける言語的な文脈（多様な言語活動の実践の層）、さらに特攻隊員の置かれた当時の社会的状況（社会的なコミュニケーションの実践の層）の統合的な分析となる。私たちはそれぞれ、自分の知識や人生経験などに基づいた情報の表し方（ＳＣＲ：socio-cognitive representations）を用いてテキストを解釈したり、伝達・伝播したりしながら、互いに作用し合ってコミュニケーションを図る（van Dijk 2003：354）。ＳＣＲとは、私たちが「信念やメディアなどから得た二次的な情報も含む知識、そのディスコースを共有するコミュニティの規範や価値観、信念・知識が複合して導かれる態度や期待など、もしくは規範や価値観、そしてこれら全てに関して生じる感情」（Koller 2012：20）を駆使して、あるテキストをどう社会的および認知的に表現するか、というものだ。つまり、ディスコースとは、それを扱う社会的行為者（social actor）の視点によって、多様な方向に展開していくものなのだ。そのため、特攻隊員のディスコースを解釈したり伝達したりする際には、本人以外は誰でも、それぞれの個人的解釈や作為を加えざるを得ないので、解釈に特定のバイアスがかかる。たとえば、親戚が特攻隊員を回想する場合や、手紙の読者が見知らぬ特攻隊員について語るときなどは、二人称、もしくは三人称で特攻隊員の記憶のディスコースが生み出される。次にそのディスコースは、第二次世界大戦や「零戦」戦闘機などといった別のディスコースと関連づけられたり、ディスコースを発する人が好む政治的な枠組みに組み込まれ、新たなディスコースとして展開したりするかもしれない。

「ディスコースというものは、無制限でハイブリッドであり、展開する過程で様々に新たなサブトピックが形成されていく」（Reisigl and Wodak 2009：90）ため、関連性のあるディスコース同士が連想を通じてつながれば、ＳＣＲのネットワークがさらに発生し構築されていく。その過程で、好ましいとされる視点から特定のディスコースが選択されて現時点で話題になっているトピックと関連づけられたり、ほかの人と共有するためにその人たちにとってわかりやすく、伝えやすいかたちに変えられたりしながら、伝播されていく。それがさらにまた別の言語・歴史・社会背景をもつコミュニティの人びとにも共有され広がっていく。このようにして、特定の集合的記憶のヘゲモニーが形成されるわけだ。以上のようなプロセスは「吸収・同化と関連・連想によるディスコース転移モデル」（van der. Does-Ishikawa 2013, 2015）として説明されるが、元をたどっていけばテキストの原文に辿り着く、ここでは特攻隊員の直筆の書簡で、それを分析することから、「カミカゼ記憶論争」を解き明かしていくことが可能になる。テキストの定量的特徴については先に述べた様に、カミカゼの書状には「感情的」要素が顕著だった。与えられたアイデンティティとは正反対に、若い特攻隊員たちは、思考を率直に理論的に述べている。また、苦悩や欲望、疑惑についても自然な感情の動きとともに表現している。友情や恋などにもふれている。特攻使命の決心のゆらぎを述べた書状もあるが、多くは疑問や自問自答に続いて特攻を決心した理由付けと自己確認を行っている。自分に大丈夫だと言い聞かせ、励ましているわけだ。一例を挙げてみよう(6)。

「母上様東京の[redacted]様とは今だに入隊前と同じ様にお付合いをさせて貰っています。東京に出る度に、否、休みの度にお邪魔し御馳走様になりました。よろしくお礼を申して下さい。[redacted]子嬢は母上も写真でみての通りおとなしいいい娘です。でも想ひ切って然も何事も無しに今日まできて本当によかったと思ひます。でも私を将来は……と思っていると思うと[redacted]の想ひもありますが仕方ありません。きっと私の気持ちを何時か分って呉れるでせう。大義以外の何者も無く情浄ないい気持ちです。月が照り輝き　家の為君の為。皆様身体に気を付けて下さい。ではしっかりやります。きっと立派にやりますよ（SI）。」

ここには、「清浄な精神」のディスコースが見受けられるが、皇国主義とも軍国主義とも直接関係していない。また、「清らかさ」には、物質的・肉体的意味合いもあるが、ここではむしろ、人間関係における「誠実さ」を指している。敵に関する明白な定義も言及も見当たらない。ただ、「故郷と家族」を脅かす、見知らぬ力についてだけふれている。次の例では、その見知らぬ国の「敵」とよばれる人びとへの思いやりや自己移入さえ伺われる。若い特攻隊員たちは、心が揺さぶられ、苦しみながら、家族国家への義務と与えられた愛への恩を思い出し、自分を励ました。

「愛機の内より大君の鎮まり居ます御國の愛を拝し奉り候ひて大君の万才と大日本帝国の必勝を祈り候へば髣髴として湧き興る敵國の山河人々の顔唯唯目頭熱くなり候ひて撃砕せずんば止まざるの念を更に固め申し候（MM）」

これは原本からの引用で、著者が2名の研究者らの立ち会いの下に資料を閲覧した時点で加筆や検閲の痕跡はないことを確認している。このようなことを述べている書状は少なくない。そして、そこからある心理的特徴が浮かび上がってくる。特攻隊員たちは苦しんだが、2つの意味合いで使命を果している。1つは自分を「選ばれし者」と考えたこと、もう1つは、他に道はないと考えたこと、自分が行かなければ、大切な「ふるさと」が失われ、それと共に自分のアイデンティティも喪失すると考えていたのだ。つまり、若い人たちを戦争に向かわせたのは、敵への憎しみではなく、「殺す動機より何よりも、祖国のために命を捧げる意思」で、「その祖国を誇りに思い」若い彼らにとって「自分の国はこの自分が守る」ことが大切だった（Billig 1995：38）。

■教育、文化、社会歴史的文脈

書状は、特攻隊員たち一人ひとりが出撃命令を受け、苦悩し、熟考し、受け入れる決心に至った過程を物語っている。特攻隊員達の自己表現に顕著なパターンと言えば、高い教育と使命感や理想の青年像だ。概して当時の水準からすれば比較的高い教育を受けていた。近江コレクションの書状は押し並べてカミカゼたちの高い言語運用能力を表しており、効果的な教育システムだったことが伺われる。では、その教育背景がいかにして意思決定のプロセスに影響したかを次に考察する。

西洋の帝国教育モデルに倣って大日本帝国も社会経済的背景にかかわらず、すべての子供たちに基礎的学習の機会を公平に与える公教育を導入した。小学校就学率は90％以上に達し（文科省教育白書１９８１）公平性とインクルージョン（包摂性）においては、少なくとも形式上、当時先進的な教育システムをつくったのだ。そのような教育背景から、特攻員たちは高い識字率と読み書き能力をもち、家族への手紙には方言こそみられるが、総じて標準語の語彙・文構造や文体を操る能力をもっていた。しかし、重要なものが欠けていた。よりグローバルな社会市民の観点だ。

帝国日本のイデオロギーに則った教育の一貫として、体系的に全国の学校で毎日、唱歌によるドリル学習が実行された。声を合わせて歌いながら連帯感を育み「所属する」ことを教えるのが目的だった。アンダーソン（Anderson 1991）は、「国歌の例をとってみよう。どんなに陳腐な歌詞だろうが、ぱっとしない節回しだろうが、歌う時、ある同時性の瞬間というものを感じる。それこそが大事な瞬間だ。全く見知らぬ者同士が、同じメロディーに乗せて同じ詩を口にする。その時、体中に響く様に想像の共同体が具現化する。調和した響きは、なんと無私無欲に感じられることか、一切の無の中で、想像の響きが私たちを結びつけている」と説明している。ということは、遊就館に展示された書状を読むと湧き興る「(腹の底にこたえるような)直感的経験」(Sakamoto 2014)には、特攻隊員の世代に特有な叙情的ディスコースが一役買っているのかもしれない。

事実、この時代の教育システムは、イデオロギーに則った学習内容を一律に子どもたちに与え、同様の内容はメディアや学校外での娯楽にも蔓延していたが、イデオロギーの内容自体も時代と共に変遷した。唱歌の教科書を例にとると、明治から第二次大戦終結までの間に四期、四段階のイデオロギー上の変遷があった(van der Does-Ishikawa 2013)。第一期(1881~1909年)では、直接的な皇国主義と国家、およびネイション(地理や歴史文化的な意味合いでの国)志向のナショナリズムが特徴で、第二期(1910~1930年)は、ネイション志向のナショナリズムを長文の叙情的な詩で表現しており、第三期(1931~1940年)は、間接的な表現で軍国主義と皇国主義のイデオロギーを表現し、さらに第四期(1941~1945年)では、間接的な表現で複雑な文脈を想起させながら、軍国主義、超国家主義を短い歌詞で表現するのが特徴だ。

若い特攻隊員らは、享年15才から26才だった。その大半が、1930年代前半に小学校に通っていたということは、第三期の教育を受けている。この時期、1930年の金融恐慌に始まって長い不景気が続き、社会不安から、政府の統制が厳しくなる。1930年代の尋常小学校の体制は、文学の叙情性の理解力と愛国的情緒、および神聖皇国の臣民である自覚の教育を強調した(唐沢 1956; 黒川 2007)。同時に、自発的に善行に参加する精神や、独立的な意思決定能力と倫理的で文化的な美意識と強い感受性を育みつつ、皇国主義・軍国主義・ナショナリズムを育成しようとした。なかでも家族国家の一員という意識を教えられたのがこの世代だ。

教材の検閲で偏った情報のみが与えられ、歪められた世界観と見知らぬ外部者への恐怖感が養われた。そして、自立的な意思決定に基づく行動力が奨励された。その為、家族国家を「守る」義務は、自立的意思決定の結果であり、盲目的信仰ではなく、理論づけと自由意志に基づいたものだった。こういった特徴が書状の定量分析の結果にもみられている（図表3および図表4を参照）。国に対する忠誠を正当とする家族国家の教義が、歴史、地理、国語、道徳など科目を縦断して集約的に教えられた。たとえば、12世紀の「カミカゼ」伝説（本章の第2節参照）について、歴史、地理、国語、音楽の授業で教えられ、同じ内容を唱歌で繰り返し歌った。その結果、若い特攻隊員たちは、自分たちを大切な家族を脅かす得体の知れない敵に対処する自衛軍だと考えていた。そういった自己イメージは、今日の「カミカゼ」に与えられたイメージとは対照的だ。では、威厳ある英雄のイメージがカミカゼ自身の自己表現に直接基づくのでなければ、どこから来たのだろうか。答えは、次の子どもの歌に見出せるかもしれない。

1. 一挙にくだけ、敵主力。待ちしはこの日、この時と。
2. 怒濤の底を矢のごとく、死地に乗り入る、艇五隻。
3. 朝風切りて、友軍機。おそふと見るや、もろともに
4. 巨艦の列へ射て放つ、魚雷に高し、波がしら。
5. 爆音、天を　とよもせば、潮も　湧けり　真珠湾。
6. 火柱あげて　つぎつぎに　敵の大艦、沈みゆく。
7. 昼間はひそみ、月の出に　ふたたびほふる　敵巨艦。
8. 襲撃まさに　成功と、心しづかに　打つ無電。
9. ああ、大東亜聖戦に、みづくかばねと誓ひつつ。

10．さきがけ散りし、若櫻。仰げ、特別攻撃隊。

これは、特別攻撃隊という歌で、検閲を受けた唱歌の第五学年用の教科書からの抜粋だ。このような歌が、1941年から45年にかけて、国民学校の初等科で頻繁に歌われた。国民学校は、1941年の国民学校令で制定された教育システムだったが、当時、日本は中国と1937年からの長い戦争状態にあり、1941年には太平洋戦争（第二次世界大戦）に突入した。危うくなっていた戦局を巻き返そうと、「思想戦」戦略が教育者たちに採択され、国内隅々まで動員し、「戦地と銃後が一体となって」（Kushner 2006：6）臨んでいる。この概念は、日露戦争中に（1904〜1905年）一丸となった日本の大衆の愛国的な感情をもとに築かれたもので、1945年の終戦まで日本社会の心理を占めていた。戦争は、「皇国日本」のために闘われ、市民は皇国民として「栄誉或る死」を迎えた（Shimazu 2009：98-99）。皇国主義のヘゲモニーにおいて、第四期の子供たちは、第三期のこどもたちと同じ様に、系統立って、科目横断的な学習と、皇国・軍国・国粋主義混合イデオロギーの概念について歌う事とを通じて、家族はもとより大義のために払われる個人の犠牲の尊さについて教え込まれた（黒川2007：今川・村井2013）。

上記の唱歌は、特攻隊について第二人称、第三人称の立場から平叙文で描いている。アクション場面は、三人称の視点から実況中継のように書かれている。対して「一挙に砕け、仰げ」など命令文は、二人称で直接的・密接的な参画を表現し、あたかも自分がその場面に登場しているかのような印象を唱歌を歌うこどもに与える。このようなディスコースの内容と視点、および文体と文構造は、現在の戦争記念館の展示や発刊物にもみられる。そこでは、特攻隊員らの回顧録や死亡記事、墓碑、回想録などを除くほとんどの展示品において、家族や友達のほか、特攻隊員と同じ時代を生きた弟や妹にあたる少し若い世代の人びとなどが、二人称か三人称で特攻隊員たちについて述べている。第四期の教育を受けた人びとが中心になり、前述の唱歌と似た文体でカミカゼの記憶を語り継いできた。主に三人称の視点からだが、時には特攻隊員を思い浮かべながら、まるで故人が目の前に居るかの様に、二人称で語りかけている。このようなディスコースのパターンがある種のジャンルとして定着し、後に続く世代にも受け継がれてきた。それには、現在の戦争もしくは平和記念資料館の来館者たちも含まれる。来館者帳には、こんなメッセージがあった。「命を捧げてこの国を守ってくださってありがとうございます。尊い犠牲のおかげで、今日のわたしたちがあるのです」。

日本国内では、このような自己移入を伴う文体が特攻隊を語るときに採用されるようになり、「カミカゼ・ディスコース」特有の文体が多様なメディアを通じて伝播していった。文体や内容の模倣、同化、連想、関連づけが行われ、さらに文脈を添加し、連想する意味合いを増補しながら、各種メディアを通じてカミカゼ・ディスコースが移転し伝播されてきた。そして、国内のカミカゼ記憶を述べる際の主流なパターンとして確立している。同じく、カミカゼに付与されたアイデンティティも、特攻隊員と親交のあった人びとの回想に基づいているが、実はその回想自体が、一部は特攻隊員たち自身が書状に遺した自己イメージに基づき、一方では、その時代に広まったプロパガンダの大衆的ディスコースが造り上げた勇敢なカミカゼのイメージに基づいている。さらに続く世代がそれを二人称、三人称の視点から解釈し、関連情報を増補し、資料の展示や歌、劇、小説、映画などメディアを通じて伝播していく上で、不滅の記憶の対象が構築されてきた。やがて、構築されたイメージに基づくアイデンティティが集合的にも個人的に記憶として生まれ、共有されてきた。その過程で、「カミカゼに付与されたアイデンティティ」と、書状に垣間見られるような特攻隊員の自己表現によるアイデンティティとの間にギャップが生じてきた。

5　おわりに——記憶の再利用とカミカゼのアイデンティティの不確かな未来

書状の研究から特攻隊員たちの自己アイデンティティには、独自の特質と同時に普遍的な特質が発見された。公にはわが身を楯にして弱いものを危害から守るという英雄のイメージを目指し、身内にはそのように自分を思い出して欲しいと手紙で訴えている。その傍ら、書状を深く分析すると、恐れや懸念、切望や無垢さなどを示す表現と量、および出現パターンから、人間らしい脆さや、抑えようとしても見え隠れする感情の起伏が明らかになる。

書状の主な特徴は、家族・ふるさとが自慢出来る理想像に自己を投影しながら、認められることに居場所を求めた一人称のアイデンティティだ。「理想」のイメージ構築、使命遂行のための自己喚起や人生の決定に際する自己確認、感情を抑制する努力などが「学習と訓練」の環境を文脈としたサブテーマと関連づけられている。イデオロギーに則った教育内容を叙情的な表現に託して、反復と科目横断的な補強効果を用いながら学習させた第三期の教育を受けた特攻隊員たちの心には、自己アイデンティティと強い連想関係をもって「ふるさと」のイメージが焼き付けられていた。事実、特攻隊員たちの書状には、「学ぶ」ことに関する表現が多い。人格形成期を通じてこの時期のこどもたちは、永遠の名誉について学んだ。それは、自分を育ててくれ、決して自分を見捨てない恩ある「大きな家族」社会の一員として自立的な意思決定によりわが身を惜しまず貢献することだった。

書状は、若い命の記録だ。未だアイデンティティの構築過程にある若い人たちが、身近な社会に受け入れられよう、その確信を得ようとして、自分と読み手を励ましながら、与えられた環境の中で意義と居場所を捜している。手紙に自分が経験したり見聞きしたことを、時には大げさな表現で脚色しながら華々しい活躍の物語として書き連ねている。そうして、自分の生まれ故郷の人たちに、自分はこういう人間だったと覚えていて欲しい、と手紙で訴えている。文体は、独白だったり、印象を並べた言葉の落書きのようだったりまちまちで、校正の手が加わったものではない。書くという事自体が、もうすぐ失う自分の命の存在を確かめることだった。特攻隊員らは、普通の若い人たちが、酷い状況に置かれて途方もない勇気を見せた、という理想の姿を自分に課した。そのイメージには、文化や言語を越えた普遍性があり、自己移入を通じて現代の若い世代の共感を呼ぶこともあろう。他方、何らかの理由で親近感がもてない場合は、強い不快感を与えるかもしれない。いずれにせよ、強い感情を喚起するイメージこそが、再利用されたカミカゼ記憶がＳＮＳで膨大な数の投稿のテーマになっている理由かもしれないし、それだけを公的な特攻隊員のアイデンティティとして強調し、全体像を無視することは危険だ。特攻隊員のこころの奥の動揺や疑い、悼み、喪失感などは、これまで本人に近しい数えるほどの人びとしか知らず、本人が語る素顔は隠されてきた。

本研究は、初めて膨大な数の直筆の手紙を定性・定量的に精査することにより、特攻隊員の自己アイデンティティに従来の記憶論争にはなかった新たな特質を見出した。たとえば、「敵」の概念の表現がほぼ皆無であり、敵の定義や対象がまったく曖昧だということだ。これは、本研究で実証された歴史的な証拠であり、集合的記憶に基づいて現代のメディアが「カミカゼ」に与えている特定の敵に対する攻撃行為に凝縮されたアイデンティティとはまったく対照的だ。個人的記憶は往々にして、人間関係に焦点を当て、自殺行為は最後の手段と書状にあるのに対し、集合的記憶は人より戦争行為に焦点を当てて展開する。その例が、カミカゼとジハード戦士とを比較する論議だ（Gupta and Mundra 2005; Kuntzel 2007; Moghadam 2008）。そこでは、特攻隊員たち一人ひとりの個人的記憶が、人ではなく、戦争に軸を置いた集合的記憶に呑み込まれてしまい、時を経て「記憶の対象となる個人」の声がかき消され、三人称の視点からの解釈に取り替えられていく。そうした記憶の再利用は、「こうに違いない」という思い込みによる、おびただしい数のカミカゼのアイデンティティを生み出してきたし（本章第2節参照）、それが将来どんな方向に発展していくのかは、知る術もない。インターネットの遠大な伝播性と影響を考えれば、戦後70年を経て史実の保存が危ぶまれている今こそ、エビデンスと対峙して実証的にカミカゼの記憶を再考察する必要に差し迫られている。

特攻隊員の遺族や一次資料に詳しい人びとは、戦後70年を経て少なくなっている。国内外で物議を醸す恐れから、オリジナルの「編集されていない」特攻隊員の直筆資料は、失われていくのが現状だ。時を置かずして、カミカゼに関する資料は、戦争記念資料館の展示品しか残らなくなるだろう。好ましい筋書き（ナラティブ）の枠組みに当て嵌まらないものは、編集でカットされる（Hodgins 2004：101）。そしていつの日か、カミカゼのことばは、もはや記憶ではなく、誇張された伝説になり、反社会的目的や政治目的など、特定の野心や画策を支持するために乱用される危険がある。このような理由から、一次資料として現存する特攻隊員の書状や関係書類を隈無く保存し、よりスケールの大きい包括的な実証的研究を行うことによって、既存のカミカゼ、つまり若い特攻隊員たちの心象風景を当時の社会文化的・政治的文脈を考慮しながら探求し、究極の決断がなされるまでのプロセスを多重な局面から解明することが必要だ。たとえば、「ぼんやりとした敵（undefined enemy）」や、「振り払うことのできない隠れた外敵（ever-present outside threat）」（Dower 2012：53）といった観念がいかにして、そしてどこから生まれ、特攻隊員たちの心理に影を落としたのか、また、彼らはそれらをどう解釈したのだろうか。それは彼らをどのようにして戦地に赴かせたのだろうか。同じあやまちを二度と繰返さないために、私たちには何ができるのだろうか。

このような疑問は、生き延びた元特攻隊員たちの証言にある。元特攻隊員や遺族たちは、広島や長崎の被爆者たちが「語り部」となったように、過去と真っ正面から対峙し、証言を残している。公的・社会的な局面から、その人びとの地道な行動について「政治的な意図」が噂されることもあるが、何層もの政治社会的ディスコースのひだを剝がしていけば、個々人の「平和のため」の行動がその根底に見出せる。フック（Hook 1996：160-179）の研究にもあるように、広島・長崎の記憶を風化させない努力が、反核・平和主義の国内ディスコースを確立し、国境を越えて海外へも伝播し、国際的な議論に発展して久しい。ならば同様の可能性が、カミカゼの書状にもあり得る。人を軸に、自己移入をもって再評価することが望まれる。

日本語で「記憶」は命の意味をもち、「風」は運命を連想させる（Bulian 2015）。忘れ去られることを、命が塵に帰るように、記憶が風化したという。だが、記憶を甦らせることや遠い記憶の彼方から、呼び覚ますこともできる。今ここで未解決の過去と対峙することは、痛みを伴うかもしれないが、傷を癒す。特攻隊員たちの一人称で語られる真のアイデンティティと向き合う時、彼らの遺した書状は、記憶の虚構と真実の世界で仲介役を果してくれる。

謝辞

特攻隊員の御遺族を始め、海上自衛隊第一術科学校の皆様、呉市海事歴史科学館大和ミュージアムの皆様に貴重な資料と情報を提供頂きました事に深く感謝申し上げます。鈴木卓博士、トマス・マッコーリー博士、およびクレア・マッコーリーさんには、各専門分野の手引きと助言を頂きました。膨大な資料収集整理を手伝ってくれた石川恵理さん、ご支援頂いた皆々さまに心より感謝いたします。

（1）〈http://www.memecenter.com/fun/241649/kamikaze〉参照。
（2）〈https://twitter.com/hashtag／特攻隊?modeD news〉参照。

（3） 現存の手記より抜粋・引用。

（4） Goodnight Saigon”, Words and Music by Billy Joel Copyright © 1981 JOELSONGS. All Rights Administered by ALMO MUSIC CORP. All Rights Reserved. Used by Permission. *Reprinted by Permission of Hal Leonard Corporation.* The author thanks Mr. Billy Joel represented by Ms. N. Cherwin at Hal Leonard Corporation for the permission to reprint his lyric.

（5） 'I See Fire' Words and Music by Ed Sheeran © 2013, Reproduced by permission of United Lion Music/Sony/ATV Music Publishing Ltd, London W1F 9LD. The author thanks Mr. Ed Sheeran represented by Ms. L. Webb at SONY/ATV Music Pub- lishing for the permission to reprint his lyric.

（6） 現存の手記より抜粋・引用。

終　章　安倍政権下で操られる記憶とアイデンティティ

憲法9条の再解釈と70年談話

グレン・D・フック

〔翻訳　ファン・デル・ドゥース　石川　瑠璃〕

終章では、本書の焦点を現代に移して、２０１２年の第二次安倍内閣の選挙勝利後の期間中に安倍晋三の政権下で記憶とアイデンティティがいかに政治的に操作されたかについて考察する。安倍政権と政治家としての首相安倍晋三自身についてはさまざまな解釈がなされている。たとえば、首相の歴史修正主義的でナショナリストな面が論じられたり、「アベノミクス」で景気回復をもたらした積極的な指導者というイメージが強調されたりしている。こうした中、２０１４年から２０１５年にかけて安倍政権の政治的特質が注目を集めたが、とくに国内外で取沙汰されたのが、憲法９条の再解釈と戦後70周年首相談話の二点である。本章ではこれら2つの課題を掘り下げて、安倍政権下の安全保障や外交政策における記憶とアイデンティティが果す重要な役割について考察する。

まず、世論において憲法９条は、戦後を通じて反軍国主義的規範（antimilitarist norms）に支えられてきたが、とくに冷戦終結後の１９９０年代前半には、規範の正当性が議論されつつ次第に浸食されていってしまった。なおかつ規範は消滅することなく政治的影響力を維持している。それは、安倍内閣が未だ日本国憲法９条の改正を成し得ていないことからも明らかである。日本国憲法を改正するためには、憲法96条のもとに、衆・参両議院の総議員の3分の2以上の賛成票を得た上で国会がそれを発議し、国民の承認を経なければならない。そして、その承認においては特別国民投票で過半数の賛成票を得ることを要するが、前述の反軍国主義的規範の影響力が衰えぬうちは、多くの国民が安保に関する法案に反対する可能性が高い。したがって、安倍内閣は９条改正に必要な過半数票を得る確信がないことを意味する。だからこそ、憲法改正を急ぐ代わりに、憲法９条の再解釈を行うことで、従来より違憲と見なされてきた集団的自衛権行使への道を切り開いたのだ。本章の第1節では、９条の再解釈と安倍内閣下の記憶の政治について述べながら双方の密接な関係を究明する。第2節では、２０１５年8月14日に発表された戦後70周年安倍談話について述べる。これは、１９９５年の村山談話と２００５年の小泉談話に続くものである。70周年談話は、国内外で安倍首相の歴史修正主義、ナショナリスト的見解に注目が集まり、懸念の声が高まった。２０１３年の靖国神社首相参拝に続き、安倍内閣と中国および韓国との緊張関係、そしてより強力な「国際貢献」へのコミットメントなどから、安倍談話が日本の戦時下の行為について謝罪せず、侵略戦争の歴史を認識しないため、村山談話と小泉談話の意義を損なう結果となるのではないかと懸念された。実際に発表された安倍談話は、国内外で称賛と批判を受けたが、内容の異なる側面が異なるグループを満足させたとみられる。本章の第2節では、上記の数々の視点から、戦争記憶と日本の将来的な安全保障、および外交政策における首相談話の意味合いを探索する。

1　9条、記憶、そして安倍政権

冒頭で述べた様に、９条の再解釈と戦争記憶の密接な関係が、現代のアイデンティティの政治と安倍晋三政権下での政策立案にどのような影響を与えているのか、今こそ探求する必要がある。この複雑な関係は、集団的自衛権の行使を認める２０１４年7月の閣議決定を受けて安倍首相が訴える「積極的平和主義」戦略の実施を促すために、安保関連法案の名の下で現行政権が追求する積極的外交と安全保障政策に関する政治的論争に明らかである。ここで特筆すべき点は、安倍政権が日本の記憶およびアイデンティティと密接にかかわる２つの課題を統合する戦略を取っていることである。１つは集団的自衛権の行使を可能にするための9条の再解釈であり、もう1つはアジア太平洋戦争終結から70周年を迎えた２０１５年8月15日の安倍談話である。まず、9条の再解釈について多くの人びとが、反軍国主義的規範のさらなる浸食を象徴し、平和国家としての現代日本のアイデンティティに真っ向から対抗するものだと見ている。そして、戦争記憶については、アジア太平洋戦争を今日の日本においてどのように追想すべきかという継続的な論議に焦点を当てるものである。

■9条の再解釈

9条の再解釈で、アジア太平洋戦争の記憶が戦後、果して来た重要な機能の一つは、反軍国主義的規範を創造し、それを時代や政治社会文脈に伝播しながら浸透させてきたことである（Hook 1996）。この規範は、9条にインスピレーションを得て、平和国家日本というアイデンティティを時代背景の文脈に当てはめつつ、その意識を伝播・浸透させる基盤となるよう記憶が醸成されてきた（Hook and McCormack 2001）。反軍国主義的規範は、市民社会レベルに広く支持されたアメリカ占領政策、軍国主義の根こそぎ撤廃と民主主義の普及に始まり、さらに政治組織構造と政策に対する一般市民の支持という形で具現化してきた。国家レベルでは、政府による自衛隊の海外派遣禁止や、非核三原則、兵器輸出禁止、防衛費のＧＤＰ１％制限などがその例だ。このように、9条と反軍国主義的規範を市民が支援すること自体が、国家の安全保障政策に制約をかけ、時代を通じて自民党など各政権の政策選択において情勢を計る手段となってきた。同時に、9条と反軍国主義的規範は、平和国家日本というアイデンティティを支えてきたのである。この戦後日本のアイデンティティこそが、積極的に反軍国主義政策を展開するための好機を日本政府に与えてきたのである。その顕著な例として、非核武装と核不拡散の促進活動に向けた国際的な政策立案において、日本と欧州連合が協力関係を築いてきたことが挙げられよう（European Commission 2014）。

しかし、こういった反軍国主義的な規範と政策は、とくに冷戦後の時代から損なわれはじめた。アジア太平洋戦争にまつわる記憶論争に翻弄され、戦争を直接体験した世代が亡くなり、合衆国のグローバル戦略へ日本がより大きな貢献をするよう、合衆国から圧力がかかる中で、反軍国主義的規範と政策が時にはないがしろにされてきた。日本の「国際貢献」という新たな規範の伝播・普及と共に起って来た変化である。9条に対位するものとして、憲法の前文を掲げながら新たに「国際国家（international state）」もしくは「人道的権力（humanitarian power）」という日本のアイデンティティを構築しようとする試みである（Singh 2013; Hook and Son 2013）。このような「国際貢献」という新規範を伝播し、普及する試みを中心となって展開してきたのは、新しい世代の政治家達であり、その一人の安倍首相は、初の戦後生まれの首相である。その他多くの新世代の政治家と同様、安倍首相は、一国家として日本がもつすべての能力と資源を駆使して、「国際貢献」を行い、世界の舞台でより大きな役割を果すことを追求している。そのためには、戦争や緊急事態に際して自衛隊を武装軍団として派遣し、「戦争国家」としてのアイデンティティを養う可能性をも辞さない。安倍首相の「積極的平和主義」とは、日本がより積極的に世界に対して「国際貢献」を行うことであり、合衆国のグローバル戦略を支援することはその重要な側面である。つまり、「国際貢献」の本質とは、合衆国とその支援国に対して日本が貢献するために引き出された比喩的表現であると言ってよかろう。日本の新たな「国際貢献」の例として集団自衛権の行使を合憲とする目的で、安倍政府は、２０１４年の7月に9条を再解釈したのである。

もちろん、軍事力行使の可能性を含むさらに堅固な「国際貢献」を実施するための政策立案は安倍内閣以前から始まっている。これまでにも日本は、積極的に安全保障上の役割を担った経験がある。冷戦直後の時代、１９９2年に実施された国際連合平和維持活動（ＰＫＯ）の一環としての自衛隊カンボジア派遣はその一例である（Dobson 2003）。しかし、現在安倍政権下で進行中の変化は憲法の再解釈だけではない。首相の「積極的平和主義」の下に日本の新たな役割を追求し、戦略的な政策を推進するために、戦争記憶と安保関連法案が関係づけられている。

実に、２０１２年の第二次安倍内閣直後から種々の政策変更が実施されており、２０１４年選挙での勝利以来、安倍政権は集団的自衛権の合法化を押し進めている。このような政策上の移行はメディアで脚光を浴びた。日本国憲法9条を支持する反軍国主義的規範と平和国家日本のアイデンティティに真っ向から対抗し、蝕んでいく安倍政権の動向に対し、日本国内外で反対運動も展開された。集団的自衛権の行使を合法化するために、憲法9条の再解釈は必要不可欠な踏み台である。そこで、安倍政権は再解釈に特化した政策を展開し、政治目的実現の糧としてきた。

集団的自衛権の行使と合衆国のグローバル戦略に対して日本がより積極的に協力する政策の基礎固めが、市民のさまざまな反対運動にもかかわらず、2013年後半から実施されてきた。たとえば安倍政権は、11月に国家安全保障会議（NCS）を設置した。続いて、「積極的平和主義」の出番をつくった12月の「日本の安全保障政策」である（MOFA 2014）。同月には、秘密保護法（特定秘密の保護に関する法律）によって国の安全保障に関する情報へのアクセスが制限されるようになった。これに対して、秘密保護法に反対する意見書が日本新聞協会から提出されている（日本新聞協会 2013年）。さらに、武器輸出三原則が撤廃され、防衛装備移転三原則（MOFA 2014a）に置換えられたのは、武器輸出を厳しく制限する平和国家日本の象徴の終焉を示す一例である。防衛費は増大し、オスプレイ購入決定や自衛隊の役割強化を支援する資金確保のため、2016年度予算では過去最高の額が計上されるという（東京新聞 2015年8月27日）。すでに2015年7月、集団的自衛権の行使を承認する法案が衆議院を通過し、現在参議院で安保関連法案が審議中であり、内閣内外の反対にもかかわらず、9月17日に安全保障関連法案が参議院で採決され、18日に可決、成立された。

このように、安倍政権の憲法再解釈と集団的自衛権の行使において日本が二分しているのは、野党の政治家、学際、民間企業、および市民社会グループが国会や街頭で行って来た安保関連法案の反対運動にも反映されている。それは修辞的なレベルから始まった。国会で安倍政権が使う修辞的な戦略に対して、野党側も修辞的戦略を以て反論していることに注目したい。たとえば、国会で安倍首相が、「安保関連法案」を「積極的平和主義」という戦略と結びつけ、平和のシンボルを連想させようとしている。それを受けて、野党の議員らが対抗手段として、安保関連法案を「戦争法案」と銘打ったのである。つまり、野党は戦争記憶を用いて反軍国主義的規範に訴え、安倍首相が「積極的平和主義」という表現を政治的な修辞戦略として使っているのを二通りの方法で批判している。まず、平和国家として定着してきた日本のアイデンティティを安保関連法案に結びつけようとする安倍政権の修辞戦略に対抗して、同法案に「戦争」という冠表現を与えた。次いで、戦争法案という表現を用いて、安保関連法案が平和国家ではなく、戦争国家日本のアイデンティティを構築する戦略の第一歩であるというイメージを強化しようとしている。それは、集団的自衛権と「積極的平和主義」が、「平和」ではなく、「戦争」と結束するというものだ。

国会では、安倍首相が野党の「戦争法案」という修辞的対抗戦略に対して、法案の中核に置いた日本の「国際貢献」論を補強するため、国際的な支援に訴え、安保関連法案と集団的自衛権を正統化しようとした。参議院平和安全法制特別委員会では、「戦争に苦しんだベトナム、カンボジア、フィリピンも法案を強く支持している。ほとんどの国が支持や理解を示しており、『戦争法案』ではない」としている（産経新聞２０１５年８月20日）。戦争法案という表現が戦争という悪の象徴を安保関連法案にイメージ付けたのに対して、安倍首相は、とくに「アジア」諸国からの国際的支援を受けた善の法案であると反撃した。これは明らかに、安保関連法案が可決され、集団的自衛権行使が可能になったとしても、「ほとんどの国」が日本の軍国主義復活と戦争国家への回帰など懸念しないというメッセージを強調しているのである。しかし、首相が引用にアジア３ヶ国としてベトナム、カンボジア、およびフィリピンの国名を挙げた理由は、太平洋戦争終結後に勃発した反植民地主義の戦争を連想するからである。それとは対照的に、野党は「戦争法案」という表現を用いて、戦争、中国、韓国の記憶論争の中核である日本のアジア太平洋戦争における侵略戦争に関する記憶を惹起させようとしている。一口に言えば、安保関連法案を「戦争法案」と位置づけて憲法9条の再解釈と日本が再び軍国主義への道を歩んで戦争国家となる可能性と、ベトナムやカンボジア、フィリピンよりも、中国や朝鮮半島で侵略者日本の記憶を呼び起こす可能性とを結び付けようとしている。憲法9条の再解釈論争と記憶政治においては、安倍首相が引用したアジア3ヶ国ではなく、安保関連法案に対する中国や韓国の反応が重要だ。侵略戦争の犠牲となった2ヶ国と安倍政権との戦争記憶の論争こそが、「ほとんどの国」という表現を安倍首相が使わざるをえなかった理由を説明するものである。安保関連法案に対するアジアの国際的な支持や理解に言及する際に、より包括的な「すべての国」という表現を安倍首相が使用できなかった理由は、記憶論争に他ならない。

世論は安保関連法案について、日本国憲法9条の再解釈という文脈だけでなく、アジア太平洋戦争の記憶と「積極的平和主義」、また、「集団的自衛権」とが相まって同盟軍の占領時代以来初めて日本を直接的な戦渦に巻込む可能性を生むという文脈において展開されている。そのため、野党は修辞的戦略として、「戦争法案」という表現を用いながらデモなど安保関連法案に反対する政治的活動を惹起しようとしている。反軍国主義的規範に則り二度と戦争をしないという目的を鑑みれば、多くの市民にとって戦争記憶と9条は切っても切れない概念である。集団的自衛権の合憲化に対抗する動きは、憲法学者や学際、市民社会のあらゆる活動家など多彩な市民層にみられる。

まず、2015年6月、衆議院憲法審査会に招致された3名の専門家参考人が、集団的自衛権の行使は違憲であると明言した。自民・公明党が招致した参考人も含む憲法専門家が異口同音に集団的自衛権の行使が違憲であるとしたことは、専門の学者と学際における反対支持層の広さ、深さを物語る。

二点目として、集団的自衛権の行使が違憲であるという解釈は、各種報道関係の団体が行った憲法学者を対象とした調査でも確認されている。たとえば、朝日新聞の「安全保障関連法案の合憲性」アンケート（朝日新聞２０１5年7月11日）では、「対象２０９名の憲法学者らのうち１２２人が憲法違反にあたるか」という質問に答えている。そのうち、憲法違反にあたるという回答が１０４人、違反の可能性がある、が15人、違反にあたらない可能性がある、が0人、あたらない、が2人、そして無回答が１人だった。また、75人の元裁判官が「違憲の立法を強引に推し進めようとしている」という趣旨の意見書を参院議長に郵送した（毎日新聞２０１５年9月15日）。

三点目として、各種請願および要求が国会に提出され、安保関連法案に対する一般の根強い反対が表された。草の根レベルの活動が示すのは、「戦争法案」という修辞的手法を用いた戦略が少なくとも市民社会レベルでは見られることだ。数例を挙げるだけでも、「日本を海外で戦争する国にする戦争法案反対に関する請願」には22万９８０３名が署名し、また、「日本を海外で戦争する国へとつくり変える戦争法案反対に関する請願」には14万７９９８名、「戦争法案の廃案に関する請願」には、１１９３名、「戦争法案を廃案にすることに関する請願」には、１８２名が署名している（衆議院２０１５年）。

また、「戦争法案」という表現こそ使っていないものの、安倍内閣の安保関連法案に反対し、憲法の再解釈と集団的自衛権の行使に対する懸念を表す請願も多々提出されている（衆議院２０１５）。いくつか例を挙げれば、「集団的自衛権行使を容認した閣議決定の撤回を求め、これに基づく全ての立法や政策に反対することに関する請願」に集まった署名は5万５０２７名、「集団的自衛権行使のための立法措置を行わないことに関する請願」には3万２１７５名、「集団的自衛権閣議決定の法制化による海外で戦争する国づくりに反対することに関する請願」に1万５７２２名、そして、「憲法違反の集団的自衛権行使を可能にする全ての立法や政策に反対することに関する請願」には５６９名が署名している。

国会への請願提出には、中小企業も参加した。たとえば、全国商工団体連合会が２０１５年の8月、参議院議員開館にて集会を開き、戦争法案の廃案などを求める17万３４５７名の署名を国会に提出した（しんぶん赤旗２０１５年8月28日）。

四点目として、市民社会から請願が国会に提出された数々の例は、より大規模な市民社会全体による安保関連法案と集団的自衛権の行使に対する反対運動の一側面に過ぎないことにも注目したい。これを顕著に表す例を幾つかあげると、日本弁護士連合会（２０１５）や「法曹関係者と学者が安全保障関連法案にノー」（中日新聞２０１５年8月26日）と声をあげた他、「戦争法案に終止符を！」のメッセージを掲げる「音楽人・団体の会」（東京新聞２０１５年8月29日）や「安全保障関連法案に反対する学者の会」（Japan Times ２０１５年8月15日）、そして、ＳＥＡＬＤｓ（Student Emergency Action for Liberal Democracy-s）の略称で知られる「自由と民主主義のための学生緊急行動」などの団体による国会正門前で戦争法案の廃案を求める抗議行動などである。

これらの運動は、２０１５年8月後半に学生や労働者、市民らが世代を越えて一同に立ち上がった種々の運動の一部である。なかでも、市民団体「戦争をさせない・9条壊すな！　総がかり行動実行委員会」の主催する「国会10万人・全国１００万人大行動」（毎日新聞２０１５年8月30日）は記憶に新しい。２０１５年8月30日の抗議デモでは、民主、社会、生活、共産の四野党が、国会周辺で集会に参加し、日本全国各地でも抗議行動が展開された（朝日新聞２０１５年8月31日、東京新聞２０１５年8月31日、産経新聞２０１５年8月31日）。反対者は、日本国内に居住する日本人に限らず、「安全保障関連法案に反対する海外在住の日本人」団体も結成され、「国外からの反対の声を届けるプラットホームにしたい」（東京新聞夕刊２０１５年8月28日）と語っている。

最後に、２０１５年8月14日、安倍晋三首相の談話発表の直後に行われた共同通信による世論調査結果は、安全保障関連法案反対者が、世代・社会層を越えて市民社会全体に波及している証拠を提示している。

調査によると、安保関連法案の今期国会での成立に反対する割合は62・4％、賛成は29・2％、法案が「憲法違反だと思う」は55・1％、「違反とは思わない」は30・4％だった（東京新聞２０１５年8月16日）。

2　戦後70周年における安倍首相の談話

8月15日のアジア太平洋戦争の終結70周年記念日に際し、２０１５年の8月14日に発表された安倍首相の談話は、日本の「国際貢献」と銘打った新たな安保政策の促進と日本の戦争記憶とがいかに複雑に絡み合っているかを浮き彫りにした。戦後50周年の村山富市首相談話や60周年の小泉純一郎首相談話に継いで70周年の安倍談話が発表された。安倍談話は、村山・小泉談話と比較してかなり長文であり、内容は、２０１５年8月前半に安倍首相が設置し座長代理を務める北岡伸一国際大学長らから構成される有識者懇談会に提出された報告書に大きく影響されている（朝日新聞２０１５年8月7日付報告書掲載）。

さて、70周年談話は、その内容がアジア太平洋戦争の記憶における安倍政権の態度、首相の謝罪の有無、そして村山談話および小泉談話との関係を示すものとして国内外、とくに中国や韓国で注目された。安倍首相の談話が、先の談話を踏襲しない内容になることが懸念されたからである。安倍政権がどの程度まで１９９５年と２００５年の談話を受け継ぐかに関心が集中したことは、いかに戦争記憶が未だに論争され続けているかを示している。

安倍談話発表後、国内外で多様な反応が展開され（East Asia Forum, 22 August 2015を参照）、国内での賛否両論は、世論調査にも反映されている。たとえば共同通信の「戦後70年談話」調査の結果によると、「評価する」が44・2％で、「評価しない」が37・0％であった（沖縄タイムス２０１５年8月21日）。また、産経新聞社とＦＮＮ（フジニュースネットワーク）の合同世論調査によると、「評価する」が57・3％だったのに対し、「評価しない」は31・1％であった（産経新聞２０１５年8月17日）。このように、談話の評価は分かれており、国内で継続する戦争記憶の論争を物語っている。

談話の内容についてさまざまな意見がみられるが、とくに次の点が評価されている。まず、戦後70周年談話は安倍首相の談話というより、内閣総理大臣談話を閣議決定したもので、政権の談話という印象がかなり強い。第二に、村山談話や小泉談話を否定していない。第二次安倍政権初期では先の談話を受け継ぐかどうか未定であったが、結局、安倍談話は「歴代内閣の立場」を認めたのである（本書１８３頁参照）。第三に、自民党が公明党との連立政権を組んでおり、先の談話の重要な表現が安倍談話にも用いられている。たとえば、「侵略」、「植民地支配」、「痛切な反省」、「心からのお詫び」などである。侵略戦争として認識した上での反省の表現は、隣国との和解への一歩前進であろう。先に挙げた4つのキーワードは韓国にとって重要であり、日本の専門家らはこれを評価した（産経新聞２０１５年8月17日）。最後に、日本の同盟国である合衆国は、オバマ大統領は安倍首相との電話会議で、「全体として歓迎したい」と述べている（毎日新聞２０１５年8月26日）。

他方、安倍談話は、さまざまな批判も受けている。たとえば、「侵略」、「植民地支配」、「反省」、「お詫び」というキーワードを談話に使用しているが、動作主体と主語が明言されていない（しんぶん赤旗２０１５年8月25日）。つまり、安倍政権がアジア太平洋戦争を侵略戦争として認識しているかどうか、明確ではない。２０１５年8月下旬、参院予算委員会においての質疑で安倍首相は「侵略行為」について「具体的にどのような行為が侵略に当たるか否かは、歴史家の議論に委ねるべきだ」と語っている。（琉球新報２０１５年8月24日、しんぶん赤旗２０１５年8月25日も参照）このように首相と、有識者懇談会の北岡との意見相違が見られる。北岡は、日本記者クラブでのインタビューで「日本の歴史研究者に聞けば、99％は（侵略戦争だと）言うと思う」（静岡新聞２０１５年3月9日）と、また、あるシンポジウムでは、「安倍首相に『日本は侵略した』とぜひ言わせたい」（琉球新報２０１５年8月31日）と語っている。

安倍談話における動作主体と主語の不明さは以上の例に限るものではない。村山、小泉談話への間接的な言及が好意的に受け取られているが、文言はあくまで消極的である。安倍談話は、「こうした歴代内閣（村山、小泉内閣）の立場は、今後も揺るぎないものであります（本書１８３頁参照）」と述べているに過ぎない。つまり、動作主体が明言されていないのである。70周年談話は、安倍政権自体の謝罪を含んでおらず、「歴代内閣」の談話に言及するに留まっている。また、首相は「戦後生れの世代」を代表し、アジア太平洋戦争の謝罪責任を受諾していないようで、こう述べている。

「日本では、戦後生まれの世代が、今や、人口の八割を超えています。あの戦争には何ら関わりのない、私たちの子や孫、そしてその先の世代の子どもたちに、謝罪を続ける宿命を背負わせてはなりません」。

安倍談話は先の村山、小泉談話と同じように「戦後」の談話であるが、戦争記憶では相違が見られる。たとえば、安倍談話では20世紀初頭の日露戦争と１９３０年代に、日本が欧米を軸とした当時の国際秩序に挑戦したことについて触れている。「日露戦争は、植民地支配のもとにあった、多くのアジアやアフリカの人々を勇気づけました」と述べ、日露戦争におけるロシアに対する日本の勝利が、アジアやアフリカの反植民地闘争を励ました「よい戦争」として語られている。

以上の日露戦争の記憶と１９３０年代の日本に対抗して欧米がブロック経済を展開したことから起った戦争とは異なるものだ。たしかに欧米諸国による対日経済封鎖が日本経済にもたらした打撃が大きい。談話では「世界恐慌が発生し、欧米諸国が、植民地経済を巻き込んだ、経済のブロック化を進めると、日本経済は大きな打撃を受けました。その中で日本は、孤立感を深め、外交的、経済的な行き詰まりを、力の行使によって解決しようと試みました……日本は、次第に、国際社会が壮絶な犠牲の上に築こうとした『新しい国際秩序』への『挑戦者』となっていった。進むべき針路を誤り、戦争への道を進んで行きました」としている。

しかし、ここでは、1930年代における日本の中国への侵略行為に言及していない。言い換えれば、日本の戦争への道が「悪い戦争」として語られるのではなく、むしろ日本はやむなく国際秩序に対する挑戦者の道を辿ってしまったという「誤り」が強調されている（Suzuki 2015）。

このように日本の戦争への道は「誤り」であったが、戦争記憶の中核にある「戦争」は何だろうか。安倍談話は、1995年と2005年の首相談話と同様に、戦争に固有名詞を使用しておらず、ただ「先の大戦」としている。中立的な表現を用いたのは、日本の記憶政治に内包されている戦争の名称に関する論争にふれるのを避けるためであろう。戦争記憶論争においては特有の名称を使用しないことが、政治的指導者らにとって最も戦略的な修辞的アプローチである。安倍談話は、アジア太平洋戦争、太平洋戦争、第二次世界大戦、15年戦争、大東亜戦争というような戦争名称を用いていない。いずれの名称も日本の記憶論争における政治的立場やイデオロギーと密接に関係している。安倍首相は戦争に固有の名称を使用するよりも、以前の談話の例に倣って「先の大戦」という中立的表現を用いているのである。この「先の大戦」という表現と、それ以前の「大戦」の表現を対比すれば、物議を醸す戦争記憶の表現の重要性がわかる。たとえば、安倍談話で「第一次世界大戦」という表現が「世界を巻き込んだ第一次世界大戦を経て、民族自決の動きが広がり、それまでの植民地化にブレーキがかかりました」という文脈で用いられている。

以上、安倍談話の戦争記憶に関するさまざまな点を浮き彫りにしてきたが、最後にもう一つ、「先の大戦」の記憶が現代の日本とどのように関係するかを考察する。たとえば、戦争の犠牲が戦後日本の発展の基礎を築いたという安倍首相の見解は、次の通り談話から読み取れる。

「戦後七十年にあたり、国内外に斃れたすべての人々の命の前に、深く頭を垂れ、痛惜の念を表すとともに、永劫の、哀悼の誠を捧げます。先の大戦では、三百万余の同胞の命が失われました。祖国の行く末を案じ、家族の幸せを願いながら、戦陣に散った方々……戦火を交えた国々でも、将来ある若者たちの命が、数知れず失われました。中国、東南アジア、太平洋の島々など、戦場となった地域では、戦闘のみならず、食糧難などにより、多くの無辜の民が苦しみ、犠牲となりました。戦場の陰には、深く名誉と尊厳を傷つけられた女性たちがいたことも、忘れてはなりません。何の罪もない人々に、計り知れない損害と苦痛を、我が国が与えた事実。歴史とは実に取り返しのつかない、苛烈なものです。これほどまでの尊い犠牲の上に、現在の平和がある。これが、戦後日本の原点であります」。

被害者としての戦争記憶（Hashimoto 2015 : 8）において、現在の平和と繁栄は「先の戦争」の自国の犠牲の上に造られた。しかし、安倍談話では日本のみならずアジアの人びとの犠牲の上に「現在の平和がある」。犠牲には、女性の払った犠牲も含まれるはずだが、安倍談話には韓国の戦争記憶の論争の中心となる慰安婦問題が明確に含まれていない。その代わりに、「深く名誉と尊厳を傷つけられた女性たち」という表現を用いて、韓国などの慰安婦が戦争で受けた被害が記憶されない。安倍談話によると、国内外で払われた犠牲こそが戦後日本の原点であったのである。

このような犠牲者を中心に据えた戦争記憶は、靖国神社境内の遊就館が国内に伝播し、浸透させ、安倍首相の靖国神社参拝で正当化された英霊の記憶を補完するものといえよう。

靖国神社が伝播する英霊の記憶は、英雄を偲ぶ戦争記憶と密接な関係をもつ。そこで、遊就館が伝播する戦争記憶の真髄とは、戦争の開始と終結における「国家」の役割ではなく、戦争を支え、闘った英雄達の記憶である（Hashimoto 2015：8）。このような戦争記憶とナラティブは、安倍首相や国会議員たちによる靖国神社参拝を後押しする。全体として安倍談話が伝播する戦争記憶は、侵略戦争というよりも犠牲の戦争である。「戦後日本の原点」は日本人とそうでない人びとの犠牲の上に構築されたとするものであり、また、首相の靖国参拝が英霊の戦争記憶を伝播しているのである。

最後に、日本の戦後の歩みに限って言えば、歴史的記憶がいかに現在安倍政権の安全保障政策と関連づけられているかは注目に値する。70周年の談話は、基本的価値を支持する日本の役割を次のように確認している。

「我が国は、自由、民主主義、人権といった基本的価値を揺るぎないものとして堅持し、その価値を共有する国々と手を携えて、『積極的平和主義』の旗を高く掲げ、世界の平和と繁栄にこれまで以上に貢献してまいります[1]」。

ここで戦後70周年記念と自由、民主主義、人権という価値観とが関係づけられているのは、安倍政権がこれら基本価値を共有する国々（たとえば、米国）と手を携えて「世界の平和と繁栄」に貢献することを示している。言い換えれば、基本価値を共有しないとみなされる国々（たとえば、中国）と手を携えることはないという意味合いともとれる。次に、「『積極的平和主義』の旗を高く掲げ、世界の平和と繁栄にこれまで以上に貢献してまいります」という文言から、70周年記念で安倍談話が、いかに戦争記憶を憲法再解釈という政策に結びつけているかが明らかである。安倍政権は、憲法再解釈に続いて、集団的自衛権行使を可能にする安保関連法案を通過させることで、「積極的平和主義」の具体的政策を練っている。一口に言えば、70周年首相談話とは、過去と現在の平和国家日本というアイデンティティを振り返るよりも、歴史的記憶を用いて日本の将来のアイデンティティを形成することに凝縮されるのである。

3　おわりに

以上の憲法9条の再解釈と戦後70周年の安倍首相談話についての考察は、憲法の再解釈と戦争記憶がいかに複雑に絡み合っているかを例証している。つまり、集団的自衛による新たな安全保障政策を押し進めるにあたり、首相は集団的自衛権行使の制度的障害を取り払ったばかりでなく、戦後70周年首相談話を利用し、戦争記憶を逆手に取ったのである。戦争記憶が作られ、伝播され、国内で広く浸透した反軍国主義の規範にみられるように、国内外の制限的状況の文脈に埋め込まれていくにつれ、安倍政権は、憲法9条の改正ではなく再解釈として集団的自衛権の制度的障害に対処せざるを得なかったのである。それは、多くの日本人がアジア太平洋戦争を自衛のためのものではなく侵略戦争として記憶している為、現行の政治情勢では、憲法の改正が不可能でないとしても未だに困難だからである。故に集合的な戦争記憶を市民社会レベルで伝播し、憲法改正の支持者を増やそうとしている。そこで、戦後70周年記念が憲法の再解釈と戦争記憶と新たな安全保障政策という三つ巴の関係を形成する機会に利用されたわけである。

もちろん、戦争記憶は個人レベルまた集団レベルでの相互作用から形成されていくものであり、いずれかが単独で成り立つものではない。個人的記憶の相違、また、集合的記憶の論争が示すものは、安倍談話の内容が国内外いずれにおいてもコンセンサスを得られておらず、そのことは世論調査が明らかにしている。多くの人びとが70周年談話における「歴代内閣の立場」への言及を好意的に受け止めたが、安倍首相自身の謝罪が無かったこととアジア太平洋戦争を侵略戦争として明確に認識しなかったことから、安倍談話は日本と中国・韓国との和解推進において限られた効果しか残し得ないであろう。これは、日本の首相が永遠に謝罪をし続けなければばならないことを意味するのではないが、アジア太平洋戦争の被害者たちの憲法9条の再解釈と70周年首相談話への反応を日本は考慮する必要があろう。

日本と中国・韓国との間で和解を推進するために必要な政治的信頼の度合いは、それぞれ異なる。日本と隣国二者との信頼関係は、安倍首相政権下で大きく減退してしまった。日中関係に限っていえば、和解推進は、安全保障政策の競争と、東アジアの二大国家間の潜在的紛争の可能性という文脈で展開される。その意味では、中国との和解推進は、競争が紛争に転換するのを防ぐ効果に期待したい。韓国については、安倍政権の新たな安保政策が日本と合衆国の新たな安全保障協力体制を意味する。日本と同様に韓国は合衆国の同盟国である。故に、安倍政権の新安保政策という狭義の文脈においても韓国との和解推進が政策のアジェンダに当てはまる。その意味からも、日本と隣国との信頼関係を構築して行くためには、憲法再解釈、そして首相談話に対する日本の侵略戦争の被害者らの反応への配慮が必要不可欠なのである。

(1)「『積極的平和』を提唱するヨハン・ガルトゥング博士は安倍政権の『積極的平和主義』について『私の言葉を盗んで正反対の戦争準備をしている』と批判。」沖縄タイムス 2015年8月22日。

あとがき

その昔、たいへんな戦争があり、私たちはその戦後を生きておりました。ところが近頃、ふと気がつくと、もしかしたら「戦前」と感じるような時代へ急激に移り変わってきてしまいました。現代日本に何が起こり、いったい私たちはどこへ行くのでしょう。

本書を読んでいただくと、その謎の一端が解けます。ここで扱う歴史の記憶たちは、戦争をめぐってことごとく未解決案件が重なり、戦争への終止符を打とうとされないまま現在に至っていると教えてくれます。世界史上、特筆されるファシズム時代の案件に片を付けていないなんて、日本はとても怠けていたのでしょうか。むしろ逆に、ひたすら高度経済成長を求め、だからこそさらに米国に追随し、その戦後とされる時代そのものが入り組んだゆえに、解決から遠ざかっていった様子が、どの論考からも読み取れるかと思います。

歴史がどのように位置づけられ理解されてきたか、あるいは無視されてきたかを扱う記憶研究では、過去の認識と現在の政治形成との関係に注目します。特定の歴史の記憶をどのようにとどめるか、あるいは再構築されるかが、国家にとっての政治的判断の視点となるからです。記憶をめぐる論争は事実以上に「視点の論争」でもあると言われる所以です。

本書ではそれぞれの章で、戦後日本で、国家が戦争における日本軍の行為を過小評価したり、責任を曖昧にしたり、影の部分に言及するのを避けたこと、それら歴史の解釈を国の記憶に埋め込もうとしてきたことが次々と明かされます。ほかにも、アメリカとの関係に関心は奪われ、日本がアジアの隣国と日本国民に与えた危害についての記憶は限りなく薄いことが示されます。結果、どの分析からみても日本は国家の過去の問題と真っ向から取り組んでいないという事実が浮かび上がってきてしまうのです。つまり公的な記憶の政治がまったく変化していないということになります。むしろ過去の問題を問題とせず、ていねいに反省もしないのですから、過去のメンタリティが亡霊のようにまた立ち上がってきているようにさえ見受けます。それだから、戦後だったはずの時空間が戦前なるものへとタイムスリップし、社会の趣きが暗く変えられてゆくように思われます。

本書の流れに沿っていえば、戦後日本は、憲法9条で戦争永久放棄を宣言したにもかかわらず、沖縄では米軍を駐留させ続け、東京裁判の汚名を払拭すべく国際社会の一員として認められようと国際刑事裁判所（ICC）に加盟しましたが、アジアに対する戦争犯罪については対応を拒んできました。国の復興のために政治的経験者が必要だったことから、戦間期の政策に深くかかわっていた政治家が返り咲き、その意志を継いだ者が現在の首相として、政治を急進的に動かしているように見えます。特攻隊員を扱う章では、彼らの「潔さ」がステレオタイプに語り継がれてきましたが、一人ひとりの若者が想像を絶する動揺や疑い、喪失感の中で、愛する家族やふるさとを守るには自分が征かざるを得ないと考えた点を実証しています。

戦後の日本はファシズム国家の汚名を挽回し、豊かな暮らしをとひたすら経済成長に突っ走ってきました。しかし、海外でも注目され日本が本当に誇れるものは、紛れも無く世界でも珍しい平和憲法でしょう。ところが現在の日本は、その日本が誇れるものを捨て去ろうとしています。１９３０年代に日本は、欧米の列強諸国の中で経済力を高めるために軍事力を高め、遂に戦争に突入しましたが、その繰り返しが今起っています。多くの国民の思いと異なり、2015年9月には安全保障関連法が強行採決され、改憲に向けて、国会会派の数の論理ばかりが話題になります。未解決の「戦争への終止符」のための議論は、きちんと論じ合われず吟味されないまま、人びとが考え合う余裕や関係は奪われています。動揺し、疑い、喪失感さえ感じる私たちは、さまざまな感情の果てに現代を生きる特攻隊員のような立場に在るのかもしれません。

もしそうだとしたら、私たちは今からもう一度始めたいと思います。未解決の公的な記憶を連れ出し、その不備を暴き、国民で共有すること。それは、戦争への終止符を打つ大事なプロセスのひとつです。この国に生きる若い世代や未来に向けて、記憶を正当に洗練させ時代を新しくするという希望を再発見したいと考えます。イギリスのフックさん、ドイツのルクナーさんから論考を通して、現在の日本にこの上なく温かいエールをいただきました。そのお二人の論考をわかりやすく翻訳してくださったのは、第4章担当でスイス在住の石川さんです。彼女の特攻の分析は、体力と知力を注ぎ込んでなされたとてもユニークなものです。法律文化社の掛川直之さんは研究者でもあり、賢い同伴者で居てくださいました。このチームで本書をまとめあげることができ、ただ感謝です。

戦争への終止符を打つために、ますます皆さんと知恵を分かちもちたい、私たちはそれぞれの場所でいつも願っています。平安。

2016年4月11日　芽吹く季節に

編者を代表して　桜井 智恵子

参考文献

序　章

朝日新聞戦後補償問題取材班（1999）『戦後補償とは何か』朝日新聞社。

アルヴァックス、モーリス［小関藤一郎訳］（1989）『集合的記憶』行路社。

桜井智恵子（2013）「『卒・個人モデル』インクルーシブな成熟社会へ――何が分断・競争を進めたか」季刊　福祉労働138号。

内海愛子（2002）『戦後補償から考える日本とアジア』山川出版社。

ヨハン・ガルトゥング・藤田明史編（2003）『ガルトゥング平和学入門』法律文化社。

第1章

江藤淳編（1989）『占領史録3――憲法制定経過』講談社。

平野三郎（1964）「制憲の真実と思想――幣原首相と憲法9条」世界220号。

平野三郎（1993）『平和憲法の水源』講談社。

家永三郎（1977）『歴史のなかの憲法（上）』東京大学出版会。

小林直樹（1982）『憲法第九条』岩波書店。

児島襄（1972）『史録　日本国憲法』文芸春秋。

古関彰一（2009）『日本国憲法の誕生』岩波書店。

古関彰一（2015）『平和憲法の深層』筑摩書房。

宮澤俊義（1946）「憲法改正について」改造、1946年3月、25-26頁。

宮澤俊義（1967）『憲法講話』岩波書店。

村上一郎（1996）「幣原総理の平和論と『戦争の放棄』」月間自由民主515号。

小熊英二（2002）『〈民主〉と〈愛国〉――戦後日本のナショナリズムと公共性』新曜社。

坂本義和・安江良介（1991）『地球時代に生きる日本――憲法と「国際貢献」』岩波書店。

佐藤達夫（１９６４）『日本国憲法成立史　第1巻』有斐閣。

佐藤達夫（１９６４ａ）『日本国憲法成立史　第2巻』有斐閣。

塩田潮（１９９２）『最後の御奉公　宰相幣原喜重郎』文芸春秋。

杉原泰雄（１９８７）『平和憲法』岩波書店。

立花隆（２００７）「私の護憲論　憲法九条の発案者はマッカーサーか幣原喜重郎か」現代41巻9号。

竹前栄治（１９８３）『ＧＨＱ』岩波書店。

中野昌宏（２０１５）「日本国憲法の思想とその淵源――憲法研究会の『人権』と幣原喜重郎の『平和』」青山総合文化政策学7巻1号。

山室信一（２００７）『憲法9条の思想水脈』朝日新聞出版。

読売新聞社調査本部編（１９９３）『憲法を考える――国際協調時代と憲法第九条』読売新聞社。

第2章

Angst, L. I., (2003). The rape of a schoolgirl: discourses of power and women's lives in Okinawa. In: L. Hein and M. Selden, eds. Islands of discontent: Okinawan responses to Japanese and American power, Rowman and Littlefield, 135-56.
Breen, J., ed. (2008). Yasukuni, the war dead, and the struggle for Japan's past. Columbia University Press.
Cave, P., (2013). Japanese colonialism and the Asia Pacific war in Japan's history textbooks: changing representations and their causes. Modern Asian Studies 47 (2): 542-580.
Cohen, P. A., (2014). History and popular memory. The power of story in moments of crisis. Columbia University Press
宜野湾市（２０１３）「市長コメント（沖縄国際大学への米軍ＣＨ-53Ｄ型ヘリ墜落事故から9年）」〈http://www.city.ginowan.okinawa.jp/organization/kichisyougaika/sisei/base/05/okiuheli9nen.html〉（２０１４年6月3日アクセス）。
宜野湾市報２００９年11月号（No. 572）〈http://www.city.ginowan.okinawa.jp/DAT/LIB/WEB/1/0911-0128.pdf〉（２０１４年６月９日アクセス）。
宜野湾市報２０１２年11月号（No. 608）〈http://www.city.ginowan.okinawa.jp/DAT/LIB/WEB/1/121122.pdf〉（２０１４年６月９日アクセス）。
Halbwachs, M., (1980). The collective memory. Harper and Row Colophon Books.
Halbwachs, M., (1992). On collective memory. University of Chicago Press.

林博史（２００９）『沖縄戦　強制された「集団自決」』吉川弘文館。
比嘉静（２０１４）「体験者の証言」平和の語り部石川・宮森６３０会〈http://ishikawamiyamori630kai.cloud-line.com/syougen/higa/〉（２０１４年６月９日アクセス）。
本間浩（１９９６）『在日米軍地位協定』日本評論社。
Hirst, W. and Manier D. (2008). Towards a psychology of collective memory. Memory 17 : 183-200.
Honma, H. Sonnenberg, D. and Timm, T. A., (2001). United States forces in Japan: a bilateral experience. In: D. Fleck, ed. The handbook of the law of visiting forces, Oxford University Press, 365-416.
Hook, G. D. (2010). Intersecting risks and governing Okinawa: American bases and the unfinished war. Japan Forum 22 (1-2) : 195-217.
Hook, G. D., R. Mason and P. O'Shea. (2015). Regional Risk and Security in Japan: Whither the everyday (Sheffield Centre for Japanese Studies/Routledge Series).
命と平和の語り部石川・宮森６３０会（２００９）〈http://ishikawamiyamori630kai.cloud-line.com/〉（２０１４年６月９日アクセス）。
命と平和の語り部石川・宮森６３０会編（２０１０・２０１１）『沖縄の空の下で――証言・あ、この悲劇、石川・宮森ジェット機墜落事故１～３』命と平和の語り部石川・宮森６３０会。
石川ゼミナール編（２０１０）『宜野湾・沖縄国際大学米軍ヘリコプター墜落事件５年　石川・宮森小学校米軍ジェット機墜落事件50年』沖縄国際大学総合文化学部社会文化学科。
謝花直美（２００８）『証言　沖縄「集団自決」――慶良間諸島で何が起きたか』岩波書店。
Kingston, J., (2010). Record in pictures of Yasukuni Jinja: Yushukan. Critical Asian Studies 42 (3) : 497-99.
黒澤亜里子（２００５）『沖縄大がアメリカに占領された日――８・13米軍ヘリ墜落事件から見えてきた沖縄／日本の縮図』青土社。
McCormack, G. and Oka Norimatsu, S., (2012). Resistant islands: Okinawa confronts Japan and the United States. Rowman and Littlefield.
Ministry of Foreign Affairs of Japan (外務省), (1996). 〈http://www.mofa.go.jp/region/n-america/us/security/96saco2.html〉（２０１４年６月９日アクセス）.
宮城喜久子（１９９５）『ひめゆりの少女――十六歳の戦場』高文研。

宮良作（２００８）『国境の島　与那国島誌――その近代を掘る』あけぼの出版。
Nakasone, S., (1984). Preface. In: M. Ota, The battle of Okinawa. The typhoon of steel and bombs. Kume Publishing, x-xi.
大江健三郎（１９７０）『沖縄ノート』岩波書店。
大江健三郎・岩波書店沖縄裁判支援連絡会（２０１１）〈http://osaka-rekkyo.main.jp/okinawasen/〉（２０１４年8月12日アクセス）。
沖縄国際大学沖縄法政研究所（２０１４）〈http://oilp.okiu.ac.jp/detail.jsp?id=60138&type=TopicsTopPage&funcid=2〉（２０１４年６月19日アクセス）。
Okinawa International University undated. [the date does not appear on the site but is 2004 from the statement]). Statement by the Present of Okinawa University regarding the USMC helicopter crash and request for the closure of USMC Futenma Air Station [online]. Available from: 〈http://www.okiu.ac.jp/gaiyou/fall_incident/data/info26(state1104).pdf〉（２０１４年６月２日アクセス）.
沖縄県知事公室基地対策課編（２０１３）『沖縄の米軍基地』。
沖縄県（２０１３ａ）「普天間飛行場の危険性」〈http://www.pref.okinawa.lg.jp/site/chijiko/chian/futenma/risk.html〉（２０１４年８月２日アクセス）。
奥田博子（２０１２）『沖縄の記憶――〈支配〉と〈抵抗〉の歴史』慶應義塾大学出版会。
Olick, J. K., (2003). What does it mean to normalize the past? Official memory in German politics since 1989. In: J. Olick ed. States of memory: continuities, conflicts and transformations in national retrospection. Duke University Press, 259-88.
Ota, M., (1984). The battle of Okinawa. The typhoon of steel and bombs. Kume Publishing.
首相官邸（２０１２）「沖縄全戦没者追悼式　総理あいさつ」〈http://www.kantei.go.jp/jp/noda/statement/2012/okinawa_tuitousiki.html〉（２０１４年６月19日アクセス）。
Rose, C. (1998). Interpreting history in Sino-Japanese relations: a case study in political decision making, Routledge.
Rothschild, E., (1995). What is security? Daedalus 124 (3): 53-98.
琉球新報社編（２００７）『沖縄県民意識調査報告書』琉球新報社。
琉球新報（２０１１）「〈未来に伝える沖縄戦〉母を奪った艦砲の雨」２０１１年９月10日。〈http://ryukyushimpo.jp/photo/storyid-181495.html〉（２０１６年１月13日アクセス）。
島田裕巳（２０１４）『靖国神社』幻冬舎。

Shinzatō, R., (1997). Taikensha no shōgen (Testimony of those who experienced the crash at Miyamori). [online]. Available from: 〈http://cloud-line.com/ishikawamiyamori630kai/syougen/shinzato-rituko/〉（２０１４年６月９日アクセス）.

Soh, S., (2008). The comfort women: sexual violence and postcolonial memory in Korea and Japan. University of Chicago Press.

Szczepanska, K., (2014). The politics of war memory in Japan: progressive civil society groups and contestation of memory of the Asia-Pacific War. Routledge.

Tanji, M., (2006). Myth, protest and struggle in Okinawa. Routledge.

Yonetani, J., (2000). On the battlefield of Mabuni: struggles over peace and the past in contemporary Okinawa. East Asian History, 20, 145-68.

Yonetani, J., (2001). Playing base politics in a global strategic theatre: Futenma relocation, the G-8, summit, and Okinawa. Critical Asian Studies, 33 (1), 70-95.

第3章

アムネスティ・インターナショナル（ＡＩ）（２００６）「日本：国会議員に対して日本政府の国際刑事裁判所設置規程（ローマ規程）への加入を支持するようよびかける」〈http://www.amnesty.or.jp/news/2006/1205_601.html〉（２０１４年６月30日アクセス）。

Arai, K., Maruyama, A., and O. Yoshida, (2008). Japan's accession to the ICC statute and the ICC cooperation law. Japanese Yearbook of International Law, 51, 359-383.

Asahi Shimbun, 10 August 2013. Rulings on Wartime Compensation Further Sour Tokyo-Seoul Ties 〈http://ajw.asahi.com/article/behind_news/politics/AJ201308100054〉（２０１４年６月５日アクセス）.

Bell, D., (2006). Memory, trauma and world politics: reflections on the relationship between past and present. Palgrave Macmillan, 1-29.

Berger, T. U., (2009). Different Beds, Same Nightmare: The Politics of History in Germany and Japan (AICGS Policy Report 39), John Hopkins University.

Berger, T. U., (2012). War, guilt, and world politics after World War II. Cambridge University Press.

Bix, H. P., (2000). Hirohito and the making of modern Japan. Harper Collins Publishers.

Buruma, I., (2009). The wages of guilt: memories of war in Germany and Japan. Atlantic Books (reprint with new introduction, originally published in 1994).

Cohen, D., (2003). Öffentliche Erinnerung und Kriegsverbrecherprozesse in Asien und Europa. In: C. Cornelißen, L. Klinkhammer and W. Schwentker, eds. Erinnerungskulturen. Deutschland, Italien und Japan seit 1945. Frankfurt/Main: Fischer, 51-66.

Futamura, M., (2008). War crimes tribunals and transitional justice. The Tokyo trial and the Nuremberg legacy. Routledge.

外務省国際法局国際法課（２０１２）「国際刑事裁判所（ＩＣＣ）と日本外交」〈http://www.mofa.go.jp/mofaj/gaiko/icc/pdfs/icc.pdf〉（２０１４年８月15日アクセス）。

Goold, B., (2002). 'Ratifying the Rome Statute: Japan and the International Criminal Court', Asia Pacific Human Rights Information Center Focus Sept 2002 No. 29 〈http://www.hurights.or.jp/archives/focus/section2/2002/09/ratifying-the-rome-statute-japan-and-the-international-criminal-court.html〉（２００６年７月２日アクセス）.

Hein, P., (2010). Patterns of war reconciliation in Japan and Germany. A comparison. East Asia, 27(2), 145-164.

東澤靖（２００７）『国政刑事裁判所――法と実務』明石書店。

Hyun-ki, K. and Kim, S., (2013). Abe questions Japan's WW II aggression again. Korea Joong Ang Daily (9 May). Available from: 〈http://koreajoongangdaily.joins.com/news/article/Article.aspx?aid=2971304〉（２０１４年８月31日アクセス）.

Inazumi, M., (2008). Japan and the ICC: a reflection from the perspective of the principle of complementarity. In: I. Borefin and J. Goldschmidt, eds. Changing perceptions of sovereignty and Human Rights: Essays in Honour of Cees Flinterman. Intersentia, 417-435.

Iwasawa, Y., (1998). International law, human rights, and Japanese law. Clarendon Press.

Jeffery, R. and H. J. Kim, (2014). New horizons: transitional justice in the Asia-Pacific. In: R. Jeffery and H. J. Kim, eds. Transitional justice in the Asia-Pacific. Cambridge University Press, 1-31.

日本弁護士連合会（ＪＦＢＡ）（２００２）「国際刑事裁判所への日本の積極的参加を求める決議」〈http://www.nichibenren.or.jp/activity/document/opinion/year/2002/2002_16.html〉（２０１４年５月30日アクセス）。

Japanese Network for the ICC, (2007). Japanese accession update - fall 2007 (on file with author).

洪恵子（２００７）「国際刑事裁判所規程の批准と手続法の課題」法律時報79巻４号37-42頁。

Kristof, N. D., (1995). Tokyo journal; Why a nation of apologizers makes one large exception. The New York Times 06/12/1995, A4 〈http://www.nytimes.com/1995/06/12/world/tokyo-journal-why-a-nation-of-apologizers-makes-one-large-exception.html〉（２０１４年４月４日アクセス）.

Langenbach, E., (2010). Collective memory as a factor in political culture and international relations. In: E. Langenbacher and Y. Shain, eds. Power and the past: collective memory and international relations. Georgetown University Press, 13-49.

Lebow, R. N., (2006). The memory of politics in postwar Europe. In: R. N. Lebow, W. Kansteiner and C. Fogu, eds. The politics of memory in postwar Europe. Duke University Press, 1-39.

Lind, J., (2008) Sorry states: apologies in international relations. Cornell University Press.

Lukner, K., (2007) Zwei Stolpersteine und eine Huerde auf dem Weg nach Den Haag: Japan wird Mitglied des Internationalen Strafgerichtshofs. Asien, (105), 91-102.

Lukner, K., (2012). Global goals versus bilateral barriers? The International Criminal Court in the context of US relations with Germany and Japan. Japanese Journal of Political Science, 13 (1), 83-104.

Martin, A. and Jun K., (2013). Koreans press Japan firms over war claims: victims of forced labor win South Korean court rulings. The Wall Street Journal, 19 September 2013 〈http://www.wsj.com/articles/SB1000142412788732420230457905059028 0197468〉（２０１４年５月20日アクセス）.

正木靖（２００７）「国際刑事裁判所への日本の加盟と国内法整備」国際問題５６０号26-34頁。

Masaki, Y., (2008). Japan's entry to the International Criminal Court and the legal challenges it faced. Japan Yearbook of International Law, 51, 409-426.

McMurry, J., (2013). South Korean Court Orders. Japan Steel firm to compensate wartime workers. The Guardian.

Meierhenrich, J. and Ko, K., (2009). How do states join the International Criminal Court? The implementation of the Rome statute in Japan. Journal of International Criminal Justice, 7 (2), 1-24.

MOFA Ministry of Foreign Affairs of Japan, (2002). Visit of EU Experts on the International Criminal Court (Overview and Assessment) 〈http://www.mofa.go.jp/policy/i_crime/icc/visit0212.html〉（２０１４年８月13日アクセス）.

MOFA Ministry of Foreign Affairs of Japan, (2004). Visit of EU and ICC Officials to Japan (Overall Assessment) 〈http://www.mofa.go.jp/policy/i_crime/icc/visit0412.html〉（２０１４年８月13日アクセス）.

森山眞弓（２００７）「ＰＧＡの総会を終って」あゆみ１０２号６頁。

中内康夫（２００７）「国際社会における法の支配の確立に向けて――国際刑事裁判所ローマ規程・国際刑事裁判所協力法案の国会論議」立法と調査２７０号3-11頁。

日本経済新聞（２００２）「日本の役割と責任が重い」（２００２年７月１日）２頁。

新倉修（２００７）「国際刑事裁判所規定の批准と国内法整備の課題」法律時報79巻４号25-30頁。

野口元郎（２００６）「国際刑事裁判所は今――日本の加盟が果たす意味」論座１２８号２４０-２４７頁。

岡崎泰之（２００７）「国際刑事裁判所（ＩＣＣ）規程への加盟と今後に向けて――ＩＣＣの今後の課題と我が国の役割」法律のひろば60巻９号48-53頁。

Onishi, N., (2007). Decades after war trials, Japan still honors a dissenting judge. The New York Times. (31 August 2007) 〈http://www.nytimes.com/2007/08/31/world/asia/31memo.html?_rD0〉（２００７年８月31日アクセス）.

Osten, P., (2003). Der Tokioter Kriegsverbrecherprozess und die japanische Rechtswissenschaft, Berliner Wissenschaftsverlag.

小和田恆・芝原邦爾「ローマ会議を振り返って――国際刑事裁判所設立に関する外交会議」ジュリスト１１４６号４-28頁。

Pace, W., (2006). Serious progress achieved at April ICC “PrepCom”. The International Criminal Court Monitor (1).

齋木尚子ほか（２００２）「座談会　日本法の国際化――国際公法の視点から」ジュリスト１２３２号６-35頁。

Sakaki, A., (2012). Japanese-South Korean textbook talks: the necessity of political leadership. Pacific Affairs, 85 (2), 263-285.

Schabas, W. A., (2004). An introduction to the International Criminal Court. Cambridge University Press.

Simma, B., (1999). The impact of Nuremberg and Tokyo: attempts at a comparison. In: Nisuke Ando ed. Japan and international law. Past, present and future. Kluwer Law International, 50-84.

鈴木雅子（２００８）「国際刑事裁判所規程と国内法――ドイツと日本を例に」日本弁護士連合会編『国際刑事裁判所の扉をあける』現代人文社、１２０-１３５頁。

Tanaka, Y., (2006). Crime and responsibility: war, the state, and Japanese society. Japan Focus 20 August 2006 〈http://www.japanfocus.org/-Yuki-TANAKA/2200〉（２０１４年５月２日アクセス）.

Togo, K., (2008). Japan's historical memory: overcoming polarization toward synthesis. In: T. Hasegawa and K. Togo, eds. East Asia's haunted present: historical memories and the resurgence of nationalism. Praeger Security International, 597-9.

Togo, K., (2010). Japan's historical memory toward the United States. In: Gilbert Rozman ed., U. S. leadership, history, and bi-

lateral relations in Northeast Asia. Cambridge: Cambridge University Press, 17-44.
Totani, Y., (2009). The Tokyo War crimes trial. The pursuit of justice in the wake of World War II. Harvard University Press.
Wellenstein, E., (2004). EU-Japan ICC Dialogue: Introductory Statement/Press Briefing by Edmond H. Wellenstein, Director General Ministry of Foreign Affairs of the Netherlands (Tokyo, 1 December 2004) 〈http://www.consilium.europa.eu/uedocs/cmsupload/icceu%20press%20briefing.pdf〉（２０１４年８月13日アクセス）.
Yamada, S., (2014). True face of Chinese plaintiffs seeking wartime compensation for Forced Labor. Neikkei Asian Review (16 May 2014) 〈http://asia.nikkei.com/Politics-Economy/Policy-Politics/True-face-of-Chinese-plaintiffs-seeking-wartime-compensation-for-forced-labor〉（２０１４年６月５日アクセス）.

第４章

安倍晋三（２００６）『美しい国へ』文春新書。
Adams, C., (1994). The Straight Dope. 〈http://www.straightdope.com/columns/read/1035/why-did-kamikaze-pilots-wear-helmets〉.
Anderson, B. R. O. G., (1983/1991). (Revised and extended. ed.). Imagined communities: reflections on the origin and spread of nationalism. Verso.
朝日新聞（２０１４）「朝新聞世論調査、首相の靖国参拝、反対46％。」朝日デジタル２０１４年１月27日版〈http://www.asahi.com/articles/ASG1W3TY3G1WUZPS001.html〉。
Atia, N. and Davies, J., (2010). Nostalgia and the shapes of history: Editorial. Memory Studies, 3 (3). Sage, 181-186.
Billig, M., (1995). Banal nationalism. Sage.
Brown, G., (1995). Speakers, listeners and communication: explorations in discourse analysis. CUP.
Buruma, I., (1994). Wages of guilt: memories of war in Germany and Japan. Farrar, Straus and Grioux.
知覧特攻平和記念館ホームページ（２０１４）「「知覧からの手紙（知覧特攻遺書）」のＵＮＥＳＣＯ世界記憶遺産登録をめざして！」〈http://www.chiran-tokkou.jp/news/sekaiisan/〉
Guptaa, D. K. and Mundra, K., (2005). Suicide bombing as a strategic weapon: an empirical investi- gation of Hamas and Islamic Jihad. Terrorism and Political Violence, 17 (4), 573-598.

Douglas, B. J. and Marmar C. R., eds., (2002). Trauma, memory, and dissociation. 54. American Psychiatric Publishing.

Dower, J., (2012). Ways of forgetting, ways of remembering Japan in the modern world. The New Press.

Fairclough, N., (1989). Language and power. Longman. Fairclough, N., 1992. Critical language awareness. London: Longman.

Filmore, C. J., (1971). Santa Cruze lectures on Deixis. University of California.

Focus Online, (2014). 'WM 2014 in Brasilien ReaktionenKroaten-Wut: "Japan-Killer schießt uns in den Ru€cken"' (13. 06. 2014, 11 : 31). 〈:http://www.focus.de/sport/fussball/wm-2014/reaktionen-nach-auftakt-der-wm-2014-in-brasilien-kroaten-wut-japan-killer-schiesst-uns-in-den-ruecken_id_3918125.html〉

Hartley, L. P. (1953/2004). The go-between. London: Penguin Classics. (ハートレイ、L. P. [藤沢忠枝訳]〔1955〕『恋を覗く少年』新潮社)〈http://ci.nii.ac.jp/ncid/BN15380217〉.

Hodgins, P., (2004). Our haunted present: cultural memory in question. TOPIA: Canadian Journal of Cultural Studies, 12, 99-108.

Hook, G. D., (1996). Militarization and demilitarization in contemporary Japan. Routledge.

今川恭子・村井沙千子（2013）「国民学校芸能科音楽の歌唱教材にみる国民形成の一側面――戦時下における教科横断的主題の検討」聖心女子大学論叢121巻235-268頁。

Ishiguro, K., (1982). A pale view of hills. Faber and Faber.

Jeans, B., (2005). Victims or victimizers? Museums, textbooks, and the war debate in contemporary Japan. The Journal of Military History, 69 (1), 149-195.

Jimikelso. (2012). If Kamikaze Pilots Kill Themselves … Why Do They Wear Helmets?, memecenter. 〈http://www.memecenter.com/fun/241649/kamikaze〉.

唐澤富太郎（1956）『教科書の歴史――教科書と日本人の形成』創文社。

Keep Calm Network Ltd. (n. d.) Keep Calm and Kamikaze. THE KEEPCALM-O-MATIC. 〈http://www.keepcalm-o-matic.co.uk/p/keep-calm-and-kamikaze-3/〉.

キル・ユンヒョン（2010）「B29と衝突し戦死…分骨して〝軍神〟として宣伝」ハンギョレ新聞社〈http://japan.hani.co.kr/arti/politics/4384.html〉。

キル・ユンヒョン（2014）「日本 自殺特攻隊遺書 ユネスコ遺産 推進」〈http://japan.hani.co.kr/arti/international/16625.html〉。

Kingston, J., (2007). Awkward talisman: war memory, reconciliation and Yasukuni. East Asia, 24(3), 295-418.
Koller, V., (2012). How to analyse collective identity in discourse: textual and contextual parame- ters. Critical Approaches to Discourse Analysis Across Disciplines, 5 (2), 19-38. 〈http://cadaad.net/2012_volume_5_issue_2/79-66〉
Kuroda, T., Dobbins, J. C., and Gay, S., (1981). Shinto in the history of Japanese religion. Journal of Japanese Studies, 7 (1), 1-21.
黒川孝弘（２００７）「国民学校国民科国語の研究――言語活動主義と軍国主義の相克」早稲田大学大学院教育学研究科博士学位審査論文。
Kuntzel, M., (2007). Jihad and Jew-hatred: Islamism, Nazism and the Roots of 9/11. TELOS Publishing.
Kushner, B., (2006). The thought war - Japanese imperial propaganda. University of Hawaii Press.
Mahmood, M. and Booth, R., (2013). Syrian army may use kamikaze pilots against west, Assad offi- cer claims. The Guardian, Wednesday 28 August 2013 19. 32 BST. 〈http://www.theguardian.com/world/2013/aug/28/syrian-army-kamikaze-against-west-assad〉
Ministry of Education, Culture, Sports, Science and Technology, Japan（文部科学省）. (1981). Japan's modern educational system, White Paper. 〈http://www.mext.go.jp/b_menu/hakusho/html/others/detail/1317220.htm〉
Moghadam, A., (2008). The globalization of martyrdom: Al Qaeda, Salafi Jihad, and the diffusion of sui- cide attacks. Baltimore, The Johns Hopkins University Press.
Nakar, E., (2003). Memories of pilots and planes: World War II in Japanese manga, 1957-1967. Social Science Japan Journal, 6 (1), 57-76.
西尾稔（１９４３）「日本語総力戦体制の樹立」日本語一月號20-21頁。
O'Dwyer, S., (2010). The Yasukuni Shrine and the competing patriotic pasts of East Asia. History & Memory, 22 (2), 147-177.
小川貴裕（２０１４）「今、憲法問題を語る――憲法問題対策センター活動報告　第36回　安倍首相の憲法観と歴史認識の問題点」ＬＩＢＲＡ14巻5号52頁。
Ohnuki-Tierney, E., (2004). Kamikaze diaries: reflections of Japanese student soldiers. University of Chicago Press.
Okuyama, M., (2009). The Yasukuni Shrine problem in the East Asian context: religion and politics in modern Japan. Politics and Religion, 3 (2), 235-251.

Olick, J., (1999). Collective memory: the two cultures. Sociological Theory, 17 (3). (Nov., 1999), 333-348.

Reisigl, M. and Wodak, R., (2009). The discourse-historical approach (DHA). In: R. Wodak and M. Meyer, eds. Methods of critical discourse analysis. 2nd ed. Sage, 89-121.

Robertson, J., (1988). Furusato Japan: the culture and politics of Nostalgia. International Journal of Politics, Culture, and Society, 1 (4) (Summer, 1988). Springer, 494-518.

坂口弘幸（２００５）『日本のうそ――近代化終焉と未来化』文芸社。

Sakamoto, R., (2014). Mobilizing affect for collective war memory. Cultural Studies, 29 (2), 1-27.

Seaton, P., (2007a). Japan's contested war memories: the 'Memory Rifts' in historical consciousness of World War II. Routledge.

Seaton, P., (2007b). Family, friends and Furusato: "Home" in the formation of Japanese war memo- ries. The Asia-Pacific Journal: Japan Focus, 10 July. 〈http://www.japanfocus.org/-Philip-Seaton/2469/article.html〉

Shimazu, N., (2009). Japanese society at war: death, memory and the Russo-Japanese War. CUP.

Soniak, M., (2013). Why did Kamikaze pilots wear helmets?, mental_floss. 〈http://mentalfloss.com/article/26510/why-did-kamikaze-pilots-wear-helmets〉

高橋毅（２０１３）「帝国海軍における人事と教育――昭和16年当時（開戦直前）の人的運用を中心に」戦史研究年報16号。

Tanaka, Y., (2005). Japan's Kamikaze pilots and contemporary suicide bombers: war and terror. The Asia Pacific Journal: Japan Focus, 25 November. 〈http://japanfocus.org/-Yuki-TANAKA/1606/article.html〉

特攻隊戦没者慰霊平和祈念協会編（２００８）『特別攻撃隊全史』「第Ⅰ部　特別攻撃隊五訂版」「第Ⅱ部　準特別攻撃隊戦没者名簿」（第Ⅱ艦隊、回天、陸軍海上挺進戦隊等戦没）。

Truitt, B., (2015). "Fury Road" revs up the "Mad Max" mythology, USA Today, 13 May 2015. 〈http://www.usatoday.com/story/life/movies/2015/05/12/mad-max-fury-road-characters-vehicles-mythology/27136835/〉

van der Does-Ishikawa, L. (2013). A Sociolinguistic Analysis of Japanese Children's Official Songbooks 1881-1945: Nurturing an imperial ideology through the manipulation of language. PhD Dissertation, University of Sheffield.

van Dijk, T., (2003). The discourse-knowledge interface. In: G. Weiss and R. Wodak, eds. Critical discourse analysis. Theory and Interdisciplinarity. 85-109. Palgrave-Macmillan.

柳田邦男（２０１３）「ブーム再燃『零式戦闘機』増刷　零からつながる『日本の姿』」〈http://www.zakzak.co.jp/people/news/20131002/peo1310020734000-n1.htm〉。
Yoshida, T., (2007). Revising the past, complicating the future: The Yu^shu^kan war museum in mod- ern Japanese history. The Asia-Pacific Journal: Japan Focus. 〈http://www.japanfocus.org/-takashi-yoshida/2594〉
Yoshida, Y., (2013). From cultures of war to cultures of peace: war and peace museums in Japan, China, and South Korea. MerwinAsia.
Zongduo, W., (2014). Flying in the face of reason, China Daily USA. 〈http://usa.chinadaily.com.cn/epaper/2014-02/17/content_17287071.htm〉

終　章

安全保障関連法案に反対する学者の会〈http://anti-security-related-bill.jp/〉（２０１５年８月27日アクセス）。
Dobson, Hugo (2003) Japan and United Nations Peacekeeping: new pressures, new responses, Routledge Curzon.
European Commission (2014) The EU and Japan Acting together for Global Peace and Prosperity, 22nd EU-Japan Summit, Joint Press Statement, 7 May. Available online at: 〈http://europa.eu/rapid/press-release_STATEMENT-14-151_en.htm.〉（２０１５年８月25日アクセス）
外務省（ＭＯＦＡ）（２０１４）「日本の安全保障政策　積極的平和主義」〈http://www.mofa.go.jp/mofaj/p_pd/dpr/page1w_000072.html〉（２０１５年８月25日アクセス）。
外務省（ＭＯＦＡ）（２０１４ａ）「防衛装備移転三原則」〈http://www.mofa.go.jp/mofaj/press/release/press4_000805.html〉（２０１５年８月25日アクセス）。
Hashimoto, Akiko (2015) The long defeat. cultural trauma, memory and identity in Japan, Oxford University Press.
Hook, Glenn D. (1996) Militarization and Demilitarization in Contemporary Japan, Routledge.
Hook, Glenn D. and Gavan McCormack (2001) Japan's contested constitution: documents and analysis, Routledge.
Hook, Glenn D. and Key-young Son (2013) 'Transposition in Japanese state identities: overseas troop dispatches and the emergence of a humanitarian power?' Australian International Affairs, 67, 1: 35-54.
Morris-Suzuki, Tessa (2015) The Age, 16 August.

日本弁護士連合会（２０１５）「安全保障法制改定法案に反対し、衆議院本会議における採決の強行に抗議する理事会決議」７月16日〈http://www.nichibenren.or.jp/library/ja/opinion/report/data/2015/opinion_150716.pdf〉（２０１５年８月25日アクセス）。

日本新聞協会（２０１３）『特定秘密の保護に関する法律案』に対する意見書〈http://www.pressnet.or.jp/statement/report/131002_3258.html〉（２０１５年８月25日アクセス）。

ＳＥＡＬＤｓ（２０１５）〈http://www.sealds.com/〉（２０１５年８月25日アクセス）。

衆議院（２０１５）「我が国及び国際社会の平和安全法制に関する特別委員会の一覧」「憲法審査会の一覧」参照〈http://www.shugiin.go.jp/internet/itdb_seigan.nsf/html/seigan/menu.htm#r=s&q=戦争法案&r=s&q=戦争法案〉（２０１５年８月25日アクセス）。

Singh, Bhubhindar（2013）Japan's security identity: from a peace state to an international state, Routledge.

巻末資料

安倍晋三（２０１５）「内閣総理大臣談話」首相官邸ホームページ〈http://www.kantei.go.jp/jp/97_abe/discource/20150814danwa.html〉。

小泉純一郎（２００５）「内閣総理大臣談話」首相官邸ホームページ〈http://www.kantei.go.jp/jp/koizumispeech/2005/08/15danwa.html〉。

村山富市（１９９５）「戦後50周年の終戦記念日にあたって」外務省ホームページ〈http://www.mofa.go.jp/mofaj/press/danwa/07/dmu_0815.html〉。

巻末資料

安倍内閣総理大臣談話
小泉内閣総理大臣談話
村山内閣総理大臣談話

安倍内閣総理大臣談話

終戦七十年を迎えるにあたり、先の大戦への道のり、戦後の歩み、二十世紀という時代を、私たちは、心静かに振り返り、その歴史の教訓の中から、未来への知恵を学ばなければならないと考えます。

百年以上前の世界には、西洋諸国を中心とした国々の広大な植民地が、広がっていました。圧倒的な技術優位を背景に、植民地支配の波は、十九世紀、アジアにも押し寄せました。その危機感が、日本にとって、近代化の原動力となったことは、間違いありません。アジアで最初に立憲政治を打ち立て、独立を守り抜きました。日露戦争は、植民地支配のもとにあった、多くのアジアやアフリカの人々を勇気づけました。

世界を巻き込んだ第一次世界大戦を経て、民族自決の動きが広がり、それまでの植民地化にブレーキがかかりました。この戦争は、一千万人もの戦死者を出す、悲惨な戦争でありました。人々は「平和」を強く願い、国際連盟を創設し、不戦条約を生み出しました。戦争自体を違法化する、新たな国際社会の潮流が生まれました。

当初は、日本も足並みを揃えました。しかし、世界恐慌が発生し、欧米諸国が、植民地経済を巻き込んだ、経済のブロック化を進めると、日本経済は大きな打撃を受けました。その中で日本は、孤立感を深め、外交的、経済的な行き詰まりを、力の行使によって解決しようと試みました。国内の政治システムは、その歯止めたりえなかった。こうして、日本は、世界の大勢を見失っていきました。

満州事変、そして国際連盟からの脱退。日本は、次第に、国際社会が壮絶な犠牲の上に築こうとした「新しい国際秩序」への「挑戦者」となっていった。進むべき針路を誤り、戦争への道を進んで行きました。

そして七十年前。日本は、敗戦しました。

戦後七十年にあたり、国内外に斃れたすべての人々の命の前に、深く頭を垂れ、痛惜の念を表すとともに、永劫の、哀悼の誠を捧げます。

先の大戦では、三百万余の同胞の命が失われました。祖国の行く末を案じ、家族の幸せを願いながら、戦陣に散った方々。終戦後、酷寒の、あるいは灼熱の、遠い異郷の地にあって、飢えや病に苦しみ、亡くなられた方々。広島や長崎での原爆投下、東京をはじめ各都市での爆撃、沖縄における地上戦などによって、たくさんの市井の人々が、無残にも犠牲となりました。

戦火を交えた国々でも、将来ある若者たちの命が、数知れず失われました。中国、東南アジア、太平洋の島々など、戦場となった地域では、戦闘のみならず、食糧難などにより、多くの無辜の民が苦しみ、犠牲となりました。戦場の陰には、深く名誉と尊厳を傷つけられた女性たちがいたことも、忘れてはなりません。

何の罪もない人々に、計り知れない損害と苦痛を、我が国が与えた事実。歴史とは実に取り返しのつかない、苛烈なものです。一人ひとりに、それぞれの人生があり、夢があり、愛する家族があった。この当然の事実をかみしめる時、今なお、言葉を失い、ただただ、断腸の念を禁じ得ません。

これほどまでの尊い犠牲の上に、現在の平和がある。これが、戦後日本の原点であります。

二度と戦争の惨禍を繰り返してはならない。

事変、侵略、戦争。いかなる武力の威嚇や行使も、国際紛争を解決する手段としては、もう二度と用いてはならない。植民地支配から永遠に訣別し、すべての民族の自決の権利が尊重される世界にしなければならない。

先の大戦への深い悔悟の念と共に、我が国は、そう誓いました。自由で民主的な国を創り上げ、法の支配を重んじ、ひたすら不戦の誓いを堅持してまいりました。七十年間に及ぶ平和国家としての歩みに、私たちは、静かな誇りを抱きながら、この不動の方針を、これからも貫いてまいります。

我が国は、先の大戦における行いについて、繰り返し、痛切な反省と心からのお詫びの気持ちを表明してきました。その思いを実際の行動で示すため、インドネシア、フィリピンはじめ東南アジアの国々、台湾、韓国、中国など、隣人であるアジアの人々が歩んできた苦難の歴史を胸に刻み、戦後一貫して、その平和と繁栄のために力を尽くしてきました。

こうした歴代内閣の立場は、今後も、揺るぎないものであります。

ただ、私たちがいかなる努力を尽くそうとも、家族を失った方々の悲しみ、戦禍によって塗炭の苦しみを味わった人々の辛い記憶は、これからも、決して癒えることはないでしょう。

ですから、私たちは、心に留めなければなりません。

戦後、六百万人を超える引揚者が、アジア太平洋の各地から無事帰還でき、日本再建の原動力となった事実を。中国に置き去りにされた三千人近い日本人の子どもたちが、無事成長し、再び祖国の土を踏むことができた事実を。米国や英国、オランダ、豪州などの元捕虜の皆さんが、長年にわたり、日本を訪れ、互いの戦死者のために慰霊を続けてくれている事実を。

戦争の苦痛を嘗め尽くした中国人の皆さんや、日本軍によって耐え難い苦痛を受けた元捕虜の皆さんが、それほど寛容であるためには、どれほどの心の葛藤があり、いかほどの努力が必要であったか。

そのことに、私たちは、思いを致さなければなりません。

寛容の心によって、日本は、戦後、国際社会に復帰することができました。戦後七十年のこの機にあたり、我が国は、和解のために力を尽くしてくださった、すべての国々、すべての方々に、心からの感謝の気持ちを表したいと思います。

日本では、戦後生まれの世代が、今や、人口の八割を超えています。あの戦争には何ら関わりのない、私たちの子や孫、そしてその先の世代の子どもたちに、謝罪を続ける宿命を背負わせてはなりません。

しかし、それでもなお、私たち日本人は、世代を超えて、過去の歴史に真正面から向き合わなければなりません。謙虚な気持ちで、過去を受け継ぎ、未来へと引き渡す責任があります。

私たちの親、そのまた親の世代が、戦後の焼け野原、貧しさのどん底の中で、命をつなぐことができた。そして、現在の私たちの世代、さらに次の世代へと、未来をつないでいくことができる。それは、先人たちのたゆまぬ努力と共に、敵として熾烈に戦った、米国、豪州、欧州諸国をはじめ、本当にたくさんの国々から、恩讐を越えて、善意と支援の手が差しのべられたおかげであります。

そのことを、私たちは、未来へと語り継いでいかなければならない。歴史の教訓を深く胸に刻み、より良い未来を切り拓いていく、アジア、そして世界の平和と繁栄に力を尽くす。その大きな責任があります。

私たちは、自らの行き詰まりを力によって打開しようとした過去を、この胸に刻み続けます。だからこそ、我が国は、いかなる紛争も、法の支配を尊重し、力の行使ではなく、平和的・外交的に解決すべきである。この原則を、これからも堅く守り、世界の国々にも働きかけてまいります。唯一の戦争被爆国として、核兵器の不拡散と究極の廃絶を目指し、国際社会でその責任を果たしてまいります。

私たちは、二十世紀において、戦時下、多くの女性たちの尊厳や名誉が深く傷つけられた過去を、この胸に刻み続けます。だからこそ、我が国は、そうした女性たちの心に、常に寄り添う国でありたい。二十一世紀こそ、女性の人権が傷つけられることのない世紀とするため、世界をリードしてまいります。

私たちは、経済のブロック化が紛争の芽を育てた過去を、この胸に刻み続けます。だからこそ、我が国は、いかなる国の恣意にも左右されない、自由で、公正で、開かれた国際経済システムを発展させ、途上国支援を強化し、世界の更なる繁栄を牽引してまいります。繁栄こそ、平和の礎です。暴力の温床ともなる貧困に立ち向かい、世界のあらゆる人々に、医療と教育、自立の機会を提供するため、一層、力を尽くしてまいります。

私たちは、国際秩序への挑戦者となってしまった過去を、この胸に刻み続けます。だからこそ、我が国は、自由、民主主義、人権といった基本的価値を揺るぎないものとして堅持し、その価値を共有する国々と手を携えて、「積極的平和主義」の旗を高く掲げ、世界の平和と繁栄にこれまで以上に貢献してまいります。

終戦八十年、九十年、さらには百年に向けて、そのような日本を、国民の皆様と共に創り上げていく。その決意であります。

平成二十七年八月十四日
内閣総理大臣　安倍晋三

小泉内閣総理大臣談話

私は、終戦六十年を迎えるに当たり、改めて今私たちが享受している平和と繁栄は、戦争によって心ならずも命を落とされた多くの方々の尊い犠牲の上にあることに思いを致し、二度と我が国が戦争への道を歩んではならないとの決意を新たにするものであります。

先の大戦では、三百万余の同胞が、祖国を思い、家族を案じつつ戦場に散り、戦禍に倒れ、あるいは、戦後遠い異郷の地に亡くなられています。

また、我が国は、かつて植民地支配と侵略によって、多くの国々、とりわけアジア諸国の人々に対して多大の損害と苦痛を与えました。こうした歴史の事実を謙虚に受け止め、改めて痛切な反省と心からのお詫びの気持ちを表明するとともに、先の大戦における内外のすべての犠牲者に謹んで哀悼の意を表します。悲惨な戦争の教訓を風化させず、二度と戦火を交えることなく世界の平和と繁栄に貢献していく決意です。

戦後我が国は、国民の不断の努力と多くの国々の支援により廃墟から立ち上がり、サンフランシスコ平和条約を受け入れて国際社会への復帰の第一歩を踏み出しました。いかなる問題も武力によらず平和的に解決するとの立場を貫き、ＯＤＡや国連平和維持活動などを通じて世界の平和と繁栄のため物的・人的両面から積極的に貢献してまいりました。

我が国の戦後の歴史は、まさに戦争への反省を行動で示した平和の六十年であります。

我が国にあっては、戦後生まれの世代が人口の七割を超えています。日本国民はひとしく、自らの体験や平和を志向する教育を通じて、国際平和を心から希求しています。今世界各地で青年海外協力隊などの多くの日本人が平和と人道支援のために活躍し、現地の人々から信頼と高い評価を受けています。また、アジア諸国との間でもかつてないほど経済、文化等幅広い分野での交流が深まっています。とりわけ一衣帯水の間にある中国や韓国をはじめとするアジア諸国とは、ともに手を携えてこの地域の平和を維持し、発展を目指すことが必要だと考えます。過去を直視して、歴史を正しく認識し、アジア諸国との相互理解と信頼に基づいた未来志向の協力関係を構築していきたいと考えています。

国際社会は今、途上国の開発や貧困の克服、地球環境の保全、大量破壊兵器不拡散、テロの防止・根絶など かつては想像もできなかったような複雑かつ困難な課題に直面しています。我が国は、世界平和に貢献するために、不戦の誓いを堅持し、唯一の被爆国としての体験や戦後六十年の歩みを踏まえ、国際社会の責任ある一員としての役割を積極的に果たしていく考えです。

戦後六十年という節目のこの年に、平和を愛する我が国は、志を同じくするすべての国々とともに人類全体の平和と繁栄を実現するため全力を尽くすことを改めて表明いたします。

平成十七年八月十五日
内閣総理大臣　小泉純一郎

村山内閣総理大臣談話

「戦後50周年の終戦記念日にあたって」（いわゆる村山談話）
平成7年8月15日
先の大戦が終わりを告げてから、50年の歳月が流れました。今、あらためて、あの戦争によって犠牲となられた内外の多くの人々に思いを馳せるとき、万感胸に迫るものがあります。
敗戦後、日本は、あの焼け野原から、幾多の困難を乗りこえて、今日の平和と繁栄を築いてまいりました。このことは私たちの誇りであり、そのために注がれた国民の皆様1人1人の英知とたゆみない努力に、私は心から敬意の念を表わすものであります。ここに至るまで、米国をはじめ、世界の国々から寄せられた支援と協力に対し、あらためて深甚な謝意を表明いたします。また、アジア太平洋近隣諸国、米国、さらには欧州諸国との間に今日のような友好関係を築き上げるに至ったことを、心から喜びたいと思います。
平和で豊かな日本となった今日、私たちはややもすればこの平和の尊さ、有難さを忘れがちになります。

私たちは過去のあやまちを2度と繰り返すことのないよう、戦争の悲惨さを若い世代に語り伝えていかなければなりません。とくに近隣諸国の人々と手を携えて、アジア太平洋地域ひいては世界の平和を確かなものとしていくためには、なによりも、これらの諸国との間に深い理解と信頼にもとづいた関係を培っていくことが不可欠と考えます。政府は、この考えにもとづき、特に近現代における日本と近隣アジア諸国との関係にかかわる歴史研究を支援し、各国との交流の飛躍的な拡大をはかるために、この2つを柱とした平和友好交流事業を展開しております。また、現在取り組んでいる戦後処理問題についても、わが国とこれらの国々との信頼関係を一層強化するため、私は、ひき続き誠実に対応してまいります。

いま、戦後50周年の節目に当たり、われわれが銘記すべきことは、来し方を訪ねて歴史の教訓に学び、未来を望んで、人類社会の平和と繁栄への道を誤らないことであります。

わが国は、遠くない過去の一時期、国策を誤り、戦争への道を歩んで国民を存亡の危機に陥れ、植民地支配と侵略によって、多くの国々、とりわけアジア諸国の人々に対して多大の損害と苦痛を与えました。私は、未来に誤ち無からしめんとするが故に、疑うべくもないこの歴史の事実を謙虚に受け止め、ここにあらためて痛切な反省の意を表し、心からのお詫びの気持ちを表明いたします。また、この歴史がもたらした内外すべての犠牲者に深い哀悼の念を捧げます。

敗戦の日から50周年を迎えた今日、わが国は、深い反省に立ち、独善的なナショナリズムを排し、責任ある国際社会の一員として国際協調を促進し、それを通じて、平和の理念と民主主義とを押し広めていかなければなりません。同時に、わが国は、唯一の被爆国としての体験を踏まえて、核兵器の究極の廃絶を目指し、核不拡散体制の強化など、国際的な軍縮を積極的に推進していくことが肝要であります。これこそ、過去に対するつぐないとなり、犠牲となられた方々の御霊を鎮めるゆえんとなると、私は信じております。

「杖るは信に如くは莫し」と申します。この記念すべき時に当たり、信義を施政の根幹とすることを内外に表明し、私の誓いの言葉といたします。

著者紹介

桜井智恵子（さくらい・ちえこ）

大阪市立大学大学院生活科学研究科後期博士課程退学．博士（学術）

現在，大阪大谷大学教授

〔主な業績〕

『子どもの声を社会へ――子どもオンブズの挑戦』（岩波新書，2012年）

『揺らぐ主体・問われる社会』（インパクト出版，2013年／共編著）

Glenn D. Hook（グレン・D・フック）

中央大学大学院法学研究科博士課程修了．PhD（政治学・法学）

現在，英国国立シェフィールド大学教授

〔主な業績〕

Regional Risk and Security in Japan: Whither the everyday.（Routledge, 2015／共著）

Japan's International relations: politics, economics, and security.（Routledge, 2012, 第3版／共著）

Kerstin Lukner（ケアスティン・ルクナー）

ドイツ国立ボン大学日本学部博士課程修了．PhD（日本学）

現在，デュースブルク－エッセン大学博士後研究員／講師

〔主な業績〕

'Global Goals Versus Bilateral Barriers? The International Criminal Court in the Context of the US Relations with Germany and Japan', Japanese Journal of Political Science, 13/1, pp. 83-104（Cambridge University Press, 2013）

The Oxford Handbook of the International Relations of Asia.（Oxford University Press, 2014／共著）

Luli van der Does-Ishikawa（ルリ ファン・デル・ドゥース・イシカワ）

シェフィールド大学東アジア研究博士課程修了．PhD（社会科学）

現在，会議通訳者／ケンブリッジ大学アジア・中東学部客員研究員

〔主な業績〕

Media and Environmental Sustainability in East Asia: An Empirical Comparative Study of Environmental Media Reporting in Japan and China.（Routledge, 2016／共著）

'Contested Memories of the Kamikaze and the self-representations of Tokkō-tai youth in their missives home', Japan Forum 27/3, pp. 345-379（Tailor and Francis, 2015）.

Horitsu Bunka Sha

戦争への終止符
——未来のための日本の記憶

2016年5月31日　初版第1刷発行

編　者　グレン・D・フック、桜《さくら》井《い》智《ち》恵《え》子《こ》

発行者　田　靡　純　子

発行所　株式会社 法律文化社

〒603-8053
京都市北区上賀茂岩ヶ垣内町71
電話 075(791)7131　FAX 075(721)8400
http://www.hou-bun.com/

＊乱丁など不良本がありましたら、ご連絡ください。
お取り替えいたします。

印刷：共同印刷工業㈱／製本：新生製本㈱
装幀：白沢　正

ISBN978-4-589-03759-6